项目五　旅行社外联销售业务（刘玉霞、刘云）；项目六　旅行社综合管理（晋艺波）；项目七　旅行社电子商务（耿红莉）。耿红莉负责全书大纲设计、统稿和定稿。

本书在编写过程中，参考和借鉴了相关旅游专家学者的著作、教材以及网络资料，在此，谨向相关作者表示敬意和感谢！此外，感谢北京工业职业技术学院李男老师、旅行社行业资深专家武裕生先生以及北京中国国际旅行社有限公司给予的帮助和大力支持！

由于水平有限，本书难免存在不足之处，敬请读者批评指正。

编者

2019 年 2 月

目录 CONTENTS

项目一　旅行社的筹建 ·················· **001**

任务一　旅行社认知 ······················ 001
一、旅行社的概念 ···················· 002
二、旅行社的性质 ···················· 002
三、旅行社的职能 ···················· 002
四、旅行社的类型 ···················· 003
五、旅行社的基本业务 ················ 004

任务二　旅行社的设立 ···················· 005
一、旅行社设立的条件 ················ 006
二、旅行社设立的程序 ················ 006
三、旅行社分支机构的设立 ············ 008
四、旅行社的设立形式 ················ 009
五、旅行社的经营场所和营业设施 ······ 011
六、旅行社员工的基本要求 ············ 012

任务三　旅行社的组织构建 ················ 012
一、旅行社组织结构设计考虑的因素 ···· 013
二、旅行社组织结构设计的步骤 ········ 013
三、旅行社组织结构设立方式和部门 ···· 014

项目二　旅行社产品开发设计 ·············· **017**

任务一　旅行社产品开发 ·················· 017
一、旅行社产品的概念及特征 ·········· 018
二、旅行社产品分类 ·················· 019

任务二　旅行社线路设计 ·················· 025
一、旅游线路的概念与类型 ············ 026
二、旅游线路设计的原则与方法 ········ 027
三、旅游线路设计流程 ················ 029

项目三　旅行社计调业务 ·················· **037**

任务一　计调业务认知 ···················· 037

高职高专"十三五"规划教材

旅行社经营管理

耿红莉　主编

化学工业出版社

·北京·

本书根据高职高专旅游管理专业的人才培养目标，按照理实一体化的教学理念，采用"任务驱动"的编写思路，以旅行社典型工作任务为项目载体，提炼出旅行社的筹建、旅行社产品开发设计、旅行社计调业务、旅行社接待业务、旅行社外联销售业务、旅行社综合管理、旅行社电子商务七个现代旅行社经营与管理的核心内容，帮助学生在认识、分析工作任务的基础上，学习必要的相关知识，掌握旅行社业务的操作技能和旅行社管理的基本思路，最后达到完成任务的目的。本书编写依据旅游行业以及旅行社发展的最新动态，精练、实用，能够让使用者较快适应旅行社的实际工作。

本书可作为高职院校旅游管理专业及其他专业学生的教学用书，也可作为现代职业教育培训的参考用书。

图书在版编目（CIP）数据

旅行社经营管理/耿红莉主编. —北京：化学工业出版社，2019.7(2020.9重印)
ISBN 978-7-122-34328-4

Ⅰ.①旅… Ⅱ.①耿… Ⅲ.①旅行社-企业经营管理-高等职业教育-教材 Ⅳ.①F590.654

中国版本图书馆CIP数据核字（2019）第071277号

责任编辑：蔡洪伟　　　　　　　　　　　文字编辑：李　曦
责任校对：王　静　　　　　　　　　　　装帧设计：王晓宇

出版发行：化学工业出版社（北京市东城区青年湖南街13号　邮政编码100011）
印　　装：北京虎彩文化传播有限公司
710mm×1000mm　1/16　印张10　字数186千字　2020年9月北京第1版第2次印刷

购书咨询：010-64518888　　　　　　　　售后服务：010-64518899
网　　址：http://www.cip.com.cn
凡购买本书，如有缺损质量问题，本社销售中心负责调换。

定　价：36.00元　　　　　　　　　　　　　　　　版权所有　违者必究

编写人员

主　　编　耿红莉

副 主 编　晋艺波　武裕生

编写人员　耿红莉（北京农业职业学院）

　　　　　晋艺波（武威职业学院）

　　　　　武裕生（北京市机械局党校）

　　　　　夏颖颖（北京市绿维文旅科技发展有限公司）

　　　　　刘玉霞（北京农业职业学院）

　　　　　刘　云（北京农业职业学院）

前言
FOREWORD

2019年1月，国务院印发的《国家职业教育改革实施方案》（以下简称《方案》）明确提出："随着我国进入新的发展阶段，产业升级和经济结构调整不断加快，各行各业对技术技能人才的需求越来越紧迫，职业教育重要地位和作用越来越凸显"；"把发展高等职业教育作为优化高等教育结构和培养大国工匠、能工巧匠的重要方式，使城乡新增劳动力更多接受高等教育"。《方案》是中央深化职业教育改革的重大制度设计，为我国职业教育提供了新的发展机遇。

近年来，我国旅游职业教育快速发展，培养了大批技术技能人才和管理服务人才，为提高旅游从业人员素质、推动旅游经济发展和促进旅游就业作出了重要贡献。在新时代背景下，围绕"互联网+""旅游+"，应将培养适应旅游新业态、新模式、新技术发展的高素质技能型人才作为旅游高等职业教育的根本目标。

《旅行社经营管理》是高职院校旅游管理专业的核心课程之一。本书的主要内容包括：旅行社的筹建、旅行社产品开发设计、旅行社计调业务、旅行社接待业务、旅行社外联销售业务、旅行社综合管理、旅行社电子商务七个项目。每个项目都遵循理实一体化的教学理念，采用"任务驱动"的编写思路，以旅行社典型工作任务为项目载体，从任务引入、任务分析到相关知识的学习，再到最后任务实施，较好地体现了理论和实践的结合，知识和行动的协调。

本教材由具有丰富教学经验和资深旅行社从业经历的同行合作编写。耿红莉担任主编，晋艺波、武裕生担任副主编，夏颖颖、刘玉霞、刘云参与编写。具体分工如下：项目一 旅行社的筹建（耿红莉、武裕生）；项目二 旅行社产品开发设计（夏颖颖）；项目三 旅行社计调业务（耿红莉）；项目四 旅行社接待业务（晋艺波）；

一、旅行社计调业务的概念 …………… 037
　　二、旅行社计调的作用 ………………… 038
　　三、旅行社计调业务的特点 …………… 038
　　四、计调部门的岗位职责 ……………… 039
　　五、计调人员的素质要求 ……………… 040
　任务二　旅游采购服务 …………………… 041
　　一、旅游采购服务的含义 ……………… 041
　　二、旅游采购服务的内容 ……………… 042
　　三、旅游采购服务合同 ………………… 046
　任务三　旅行社计调业务流程 …………… 048
　　一、旅游接待计划 ……………………… 048
　　二、组团社计调业务流程 ……………… 050
　　三、地接社计调业务流程 ……………… 051

项目四　旅行社接待业务 …………… **057**

　任务一　团体旅游接待业务 ……………… 057
　　一、旅行社接待业务 …………………… 058
　　二、团体旅游接待业务流程 …………… 058
　　三、团体旅游接待服务程序 …………… 060
　任务二　散客旅游接待业务 ……………… 067
　　一、散客旅游的特点 …………………… 067
　　二、散客旅游接待类型 ………………… 068
　　三、散客旅游接待服务程序 …………… 069

项目五　旅行社外联销售业务 ……… **073**

　任务一　外联销售业务认知 ……………… 073
　　一、旅行社外联销售的概念 …………… 074
　　二、旅行社外联销售的分类 …………… 074
　　三、旅行社外联销售的岗位特点 ……… 074
　　四、外联销售的岗位职责 ……………… 075
　　五、外联销售人员的素质要求 ………… 076
　任务二　业务洽谈与合同签订 …………… 078
　　一、业务洽谈 …………………………… 078
　　二、合同签订 …………………………… 082
　任务三　旅行社门市销售业务 …………… 083
　　一、旅行社门市服务的作用 …………… 083

二、门市工作人员的岗位职责和素质要求 … 084
　　三、旅行社门市销售的步骤 …………………… 085

项目六　旅行社综合管理 ……………………… 090
　任务一　旅行社人力资源管理 …………………… 090
　　一、旅行社员工招聘与选拔 …………………… 091
　　二、旅行社人力资源培训 ……………………… 096
　　三、旅行社人力资源绩效考核 ………………… 102
　任务二　旅行社质量管理 ………………………… 106
　　一、旅行社质量管理的含义及意义 …………… 107
　　二、旅行社质量管理的特点 …………………… 107
　　三、旅行社质量管理的实施 …………………… 108
　　四、旅游投诉处理 ……………………………… 108
　任务三　旅行社客户管理 ………………………… 117
　　一、旅行社客户管理的意义 …………………… 117
　　二、旅行社客户的类型 ………………………… 118
　　三、建立客户档案 ……………………………… 119
　　四、客户的维护、巩固和发展 ………………… 121

项目七　旅行社电子商务 ……………………… 123
　任务一　旅行社电子商务认知 …………………… 123
　　一、旅行社电子商务的定义 …………………… 124
　　二、旅行社电子商务的基本特征 ……………… 124
　　三、旅行社电子商务的分类 …………………… 124
　任务二　旅行社网络营销 ………………………… 125
　　一、旅游网络营销的含义 ……………………… 126
　　二、我国旅行社网络营销的主要模式 ………… 126
　　三、旅行社网络咨询 …………………………… 127
　　四、旅游电子合同 ……………………………… 129

附录1　旅行社条例 …………………………… 132

附录2　旅行社条例实施细则 ………………… 141

参考文献 ……………………………………… 152

项目一

旅行社的筹建

项目目标

知识目标：掌握旅行社的概念；理解旅行社的职能；认知旅行社的基本业务。

能力目标：明确创建一家旅行社的设立程序；根据旅行社需要设置部门并制定部门职责。

素质目标：培养学生的职业适应性和创新意识；培养学生对行业发展趋势的洞察力。

任务一

旅行社认知

任务引入

几年前，某资本管理有限公司计划投资现代服务业，经过充分论证，该公司最终选定北京凤凰假期国际旅行社有限公司（简称"凤凰国旅"）进行合作。请问：旅行社行业在现代服务业中的地位如何？"凤凰国旅"是一家从事哪些业务的旅行社，其吸引外来资本注资的特色是什么？

任务分析

旅游业是现代服务业的重要组成部分。旅行社是旅游业的中枢，是旅游者和旅游资源企业之间的媒介。现在的旅行社很多，一家旅行社要想在激烈的竞争中赢得一席之地，就必须有自己的特色。同时，随着市场环境的变化，一家旅行社要实现特色创新，走出一条持续发展之路也非常重要。

 相关知识

一、旅行社的概念

《旅行社条例》（2017 年修订版）第二条第二款规定："本条例所称旅行社，是指从事招徕、组织、接待旅游者等活动，为旅游者提供相关旅游服务，开展国内旅游业务、入境旅游业务或者出境旅游业务的企业法人。"

二、旅行社的性质

① 营利性。旅行社是一种企业形态，企业的最终目的是追求利润最大化。旅行社的营利性主要体现在旅行社向旅游者或其他需要旅游产品的企业提供旅游服务获取利润以及通过代售其他旅游企业的产品获取佣金。

② 服务性。旅行社提供的服务产品更多地表现为人的活动，如讲解服务、生活照料服务、代办服务等，其经营旅游产品的出发点在于满足旅游者在旅行中的各种需求。旅行社的服务性是经济效益和社会效益的双重体现，所以旅行社也被称为"窗口行业"。

③ 实体性。旅行社是一个自负盈亏、实行独立核算的经济实体，具有旅游活动经营自主权。旅行社为了开展自身的经营活动，需要得到交通、饭店、景区、娱乐场所等相关方面的配合。此外，旅行社违反相关规定、合同时，要承担违约赔偿责任。

三、旅行社的职能

① 生产职能。生产职能也称为组合职能，是指旅行社设计、开发包价旅游、组合旅游、定制游、自助游等产品的功能。具体来讲，体现在旅行社根据其对市场需求的判断或者根据旅游者及其他希望购买旅游产品的企业要求，设计和开发各种旅行社产品，然后以低于市场的价格向相关上游企业、酒店、交通、景点等购买各种服务，将这些分散的产品组合到一起，并融入旅行社自身的服务内容，形成不同特色和功能的新产品。

② 销售职能。旅行社除了向旅游者销售其设计和生产的旅行社产品外，还向旅游者代售其他旅游资源企业的相关产品。如代订景区门票、娱乐演出票等。

③ 协调职能。旅游活动不仅涉及交通、住宿、餐饮、游览、娱乐、购物等旅游服务供应部门或企业，还涉及海关、边防检查、卫生检疫、外事、侨务、公安、交通管理、旅游行政管理等政府部门。旅行社必须进行大量的组织协调工作，在确保各方利益的前提下，衔接和落实整个旅游活动中的各个环节。

④ 分配职能。旅行社的分配职能主要体现在两个方面：一是旅行社将旅游者付出的旅游费用在不同旅游服务项目之间合理分配，以最大限度满足旅游者的需要；二是在旅游活动结束后，旅行社根据事先同各相关部门或企业签订的协议和各相关部门或企业实际提供服务的数量和质量，合理分配旅游收入。

⑤ 提供信息职能。旅行社提供信息的职能主要体现在两个方面：一是旅行社利用自己"窗口行业"的地位，将旅游各相关部门和企业的最新旅游产品信息及时、准确地传递给旅游者，促使旅游者选择和购买；二是旅行社的导游、领队、销售人员身处前沿岗位，能将及时了解到的旅游者的消费需求和对现有旅行社产品的反馈意见，收集并提供给产品研发部门和业务操作部门，以提升和完善旅行社产品。

四、旅行社的类型

（一）欧美国家旅行社的分类

① 旅游批发商。旅游批发商是一种低价批量预订交通、住宿、旅游设施和景点使用权，将其组合成整套旅游产品，以包价批发形式出售给旅游零售商的旅行社。它一般不直接向公众出售旅游产品。

② 旅游经营商。旅游经营商是以设计、组合旅游产品为主，大部分旅游产品由旅游零售商出售，也兼营一部分零售业务的旅行社。

③ 旅游零售商。旅游零售商也称旅游代理商，是指直接面向旅游者销售由旅游批发商、经营商生产的各种旅游产品获得销售佣金，同时还向旅游者提供相关旅游咨询服务的旅行社。

（二）我国旅行社的分类

1. 按照经营业务范围分类

《旅行社条例》（2017年修订版）对旅行社的分类没有进一步说明，规定所有旅行社都可经营国内旅游业务和入境旅游业务。旅行社取得经营许可满两年，且未因侵害旅游者合法权益受到行政机关罚款以上处罚的，可以申请经营出境旅游业务。

① 经营国内旅游业务的旅行社。经营国内旅游业务的旅行社是指可以招徕、组织、接待中国内地居民在境内旅游的旅行社。

② 经营入境旅游业务的旅行社。经营入境旅游业务的旅行社是指可以招徕、组织、接待外国旅游者来我国旅游，香港特别行政区、澳门特别行政区旅游者来内地旅游，台湾地区居民来大陆旅游，以及招徕、组织、接待在中国内地的外国人、在内地的香港特别行政区、澳门特别行政区居民和在大陆的台湾地区居民在境内旅游的旅行社。

③ 经营出境旅游业务的旅行社。经营出境旅游业务的旅行社是指可以招徕、

组织、接待中国内地居民出国旅游、赴香港特别行政区、澳门特别行政区和台湾地区旅游，以及招徕、组织、接待在中国内地的外国人、在内地的香港特别行政区、澳门特别行政区居民和在大陆的台湾地区居民出境旅游的旅行社。

2. 按照作用和分工不同分类

根据各自在旅行服务中所起的作用和分工不同，我国实际中更常见的是将旅行社分为组团社和地接社。

① 组团社。组团社是指组织、招徕旅游者去异地参加旅行、游览等活动并提供全程导游服务的旅行社。

② 地接社。地接社是指负责组织、安排旅游者在当地参观游览等活动，并提供地方导游服务的旅行社。

组团社与地接社两者相互依存、相互配合，角色不是一成不变的，而是可以相互转化的。

此外，现在我国的旅行社更多已和国际接轨，如做国内旅游批发的北京辉腾国际旅行社有限公司，做出境旅游批发的竹园国际旅行社有限公司（"全景旅游"为其出境游品牌），北京凤凰假期国际旅行社有限公司（"寰宇旅游"为其旗下品牌）。旅游零售商，实际上多指组团社在各地设立的分公司和门市。

五、旅行社的基本业务

旅行社的基本业务有以下几类。

（一）旅行社产品设计与开发

旅行社产品设计与开发是旅行社经营的基础，是旅行社生产职能的体现。其具体包括产品设计、产品试销、产品投放和效果评估四项内容。首先，旅行社在市场调查的基础上，根据对旅游市场需求的分析和预测，开发设计出符合市场需求、具有吸引力的旅游产品。其次，旅行社将设计出来的产品进行试销，考察旅游者对其喜爱的程度。再次，当产品试销成功后，旅行社将产品批量投放到市场，扩大销路，赚取经营利润。最后，旅行社定期对投放市场的各种产品进行检查评估，并根据检查评估的结果对产品做出完善和改进。

（二）旅游服务采购业务

旅游服务采购业务，是指旅行社为了生产旅游产品而向有关旅游服务供应部门或企业购买各种旅游服务项目的业务活动。旅行社的采购业务涵盖旅游活动食、住、行、游、购、娱六个方面，涉及交通、住宿、餐饮、景点游览、娱乐和保险等部门。另外，组团社还需要向旅游路线中的各地接社采购接待服务。

（三）旅行社产品销售业务

旅行社产品销售业务包括制定产品销售战略、选择产品销售渠道、制定产品销售价格和开展旅游促销四项。首先，旅行社对其内、外部条件进行分析，确定面临的机会和挑战，发现自身优、劣势，在此基础上制定其产品销售战略。其次，确定产品目标市场并选择适当的产品销售渠道。再次，根据其利润目标，考虑产品成本、市场需求、竞争者状况等情况，制定出各项产品的销售价格。最后，选择适当的促销手段，将旅行社产品信息传递到客源市场，激发旅游者的购买欲望，促使其决定购买。

（四）旅行社接待业务

旅行社接待业务包括团体旅游接待业务、散客旅游接待业务。团体旅游接待业务向旅游团队提供接待服务，最终实现包价旅游的生产与销售，通常设有导游陪同；散客旅游接待业务以散客旅游者为目标市场，以个人或少数人为单位，通常不设导游陪同。

任务实施

根据上述知识可知，旅游业是现代服务业的重要组成部分，旅行社是旅游业的中枢，是旅游者和旅游资源企业之间的媒介。

登录"北京凤凰假期国际旅行社有限公司"网站：http：//www.51tour.com/，点击"关于凤凰"下的"公司介绍"，可以获取旅行社的相关资料。

① 北京凤凰假期国际旅行社有限公司，具有营利性、服务性、实体性。
② 该公司通过市场细分实现专业化，主要从事出境旅游业务。
③ 该公司类型为旅游产品出境批发商，主要从事出境旅游产品批发业务，即大批量订购旅游供应企业的产品和服务，然后将这些产品组合成不同的包价旅游线路产品，最后通过零售商（同业）向旅游者出售。

从事出境旅游业务的"凤凰国旅"其特色在于专注于同业服务的出境旅游产品批发商，其收益是利润差及服务费。外来资本注资对于"凤凰国旅"在同业的IT系统支持、产品开发、上游资源整合方面会给予极大的支持，从而开发出更多更具竞争力的产品，实现共赢。

任务二
旅行社的设立

任务引入

北京某咨询服务公司决定成立一家国内旅行社。如果你是旅行社筹建小组成员，你将如何办理旅行社的审批手续？

任务分析

我国基本实现了旅行社业务审批电子化。在办理旅行社的审批手续之前，首先要了解《旅行社条例》（2017 年修订版）关于旅行社设立的相关规定，学习旅行社设立条件、申办程序、营业场所选择、员工职业要求等知识。

相关知识

一、旅行社设立的条件

《旅行社条例》（2017 年修订版）第六条规定，申请设立旅行社，经营国内旅游业务和入境旅游业务的，应当取得企业法人资格，并且注册资本不少于 30 万元。换句话说，申请设立旅行社之前，投资人需向工商行政管理部门申请领取营业执照，办理登记注册手续。

注册资本，是旅行社向工商行政管理局登记注册时所填报的财产总额，包括流动资产和固定资产，是旅行社承担债务的一般担保财产。

相关链接 1-1

"三证合一"和"五证合一"

1. "三证合一"

"三证合一"是指将企业依次申请的工商营业执照、组织机构代码证和税务登记证三证合为一证。"一照一码"是在此基础上更进一步，通过"一口受理、并联审批、信息共享、结果互任"，实现由一个部门核发加载统一社会信用代码的营业执照。

2. "五证合一"

"五证合一"是指将营业执照、组织机构代码证、税务登记证、社会保险登记证和统计登记证五证合为一证，采取"一表申请、一窗受理、并联审批、一份证照"。办证人持网报系统申请审核通过后打印的《新设企业五证合一登记申请表》，携带其他纸质资料，前往大厅多证合一窗口办理。只需等待 2 个工作日，即可获得一个证号的营业执照。

二、旅行社设立的程序

旅行社申请经营国内旅游业务和入境旅游业务的，应当向所在地省、自治区、直辖市旅游行政管理部门或者其委托的设区的市级旅游行政管理部门提出申请，并提交符合《旅行社条例》（2017年修订版）第六条规定的相关证明文件。受理申请的旅游行政管理部门应当自受理申请之日起20个工作日内作出许可或者不予许可的决定。予以许可的，向申请人颁发旅行社业务经营许可证；不予许可的，书面通知申请人并说明理由。

旅行社应当自取得旅行社业务经营许可证之日起3个工作日内，在国务院旅游行政主管部门指定的银行开设专门的质量保证金账户，存入质量保证金，或者向作出许可的旅游行政管理部门提交依法取得的担保额度不低于相应质量保证金数额的银行担保。

质量保证金，是一种专用款项，用于赔偿因旅行社的过错或破产而造成的旅游者合法权益的损失。有下列情形之一的，旅游行政管理部门可以使用质量保证金：一是旅行社违反旅游合同约定，侵害旅游者合法权益，经旅游行政管理部门查证属实的；二是旅行社因解散、破产或者其他原因造成旅游者预交旅游费用损失的。质量保证金的利息属于旅行社所有。这一规定是为了加强对旅行社服务质量的监督和管理，保证旅行社规范经营，保护旅游者的合法权益和维护我国旅游业的声誉。

经营国内旅游业务和入境旅游业务的旅行社，应当存入质量保证金20万元。

（注：旅行社三年内未因侵害旅游者合法权益受到行政机关罚款以上处罚，可退还保证金数额的50%。）

至此，旅行社可以正式开展国内旅游和入境旅游业务。

旅行社取得经营许可满两年，且未因侵害旅游者合法权益受到行政机关罚款以上处罚的，可以申请经营出境旅游业务。申请经营出境旅游业务的，应当向国务院旅游行政主管部门或者其委托的省、自治区、直辖市旅游行政管理部门提交经营旅行社业务满两年、且连续两年未因侵害旅游者合法权益受到行政机关罚款以上处罚的承诺书和经工商行政管理部门变更经营范围的《企业法人营业执照》。受理申请的旅游行政管理部门应当自受理申请之日起20个工作日内作出许可或者不予许可的决定。予以许可的，向申请人换发旅行社业务经营许可证；不予许可的，书面通知申请人并说明理由。

旅行社申请经营出境旅游业务，质量保证金应当增存120万元。

（注：自2018年7月1日起，全国旅游监管服务平台在全国全面启用，其中旅行社在线审批管理系统使旅行社的备案、审批一键受理、信息共享、全程可视。省、市两级旅游主管部门监管服务平台不再接受线下普通旅行社及出境旅行社的设立、备案、变更、注销等工作。）

旅行社以互联网形式经营旅行社业务的,除符合法律、法规规定外,其网站首页应当载明旅行社的名称、法定代表人、许可证编号和业务经营范围,以及原许可的旅游行政管理部门的投诉电话。

申请设立旅行社(经营国内旅游业务和入境旅游业务)所需提交的文件

1. 设立申请书。内容包括申请设立的旅行社的中英文名称及英文缩写,设立地址,企业形式、出资人、出资额和出资方式,申请人、受理申请部门的全称、申请书名称和申请的时间。
2. 法定代表人履历表及身份证明。
3. 企业章程。
4. 经营场所的证明。
5. 营业设施、设备的证明或者说明。
6. 工商行政管理部门出具的《企业法人营业执照》。

三、旅行社分支机构的设立

旅行社根据业务经营和发展的需要,可以设立分社、服务网点(门市部、营业部)等分支机构。但这些分支机构不具有法人资格,以设立社的名义从事规定的经营活动,其经营活动责任和后果,由设立社承担。

各旅行社在办理旅行社分社、服务网点工商设立登记手续后,持相关证明和文件到旅行社分社、服务网点所在地的旅游行政管理部门办理备案登记手续,领取《旅行社分社备案登记证明》《旅行社服务网点备案登记证明》。

旅行社分社、服务网点备案登记工作实行属地管理原则,可以委托下级旅游行政管理部门办理。

旅行社分社的设立不受地域限制,分社的经营范围不得超出设立分社的旅行社的经营范围;旅行社服务网点应当接受旅行社的统一管理,不得从事招徕、咨询以外的活动。

旅行社每设立一个经营国内旅游业务和入境旅游业务的分社,应当向其质量保证金账户增存5万元;每设立一个经营出境旅游业务的分社,应当向其质量保证金账户增存30万元。

(注:总社满三年后如果符合质量保证金减半条件退回保证金,成立分社时质量保证金参照总社减半规定执行。)

旅行社分社和服务网点的异同

相同点：分社、服务网点从属于旅行社，不具备法人资格，民事责任由旅行社来承担。

区别：分社可以开展旅游业务经营活动，但其经营范围不得超出设立分社的旅行社的经营范围；服务网点不能开展旅游业务经营活动，应当接受旅行社的统一管理，其主要功能在于招徕顾客并提供咨询、宣传等服务，不得从事招徕、咨询以外的活动。

（资料来源：安娜．旅行社经营与管理［M］．北京：对外经济贸易大学出版社，2013．）

四、旅行社的设立形式

（一）有限责任公司

有限责任公司是指不通过发行股票而由为数不多的股东集资组建的公司。有限责任公司由两个以上50个以下股东共同出资设立。有限责任公司的资本无须划分为等额的股份，也不发行股票。股东确定出资金额并交付资金后即由公司出具股权证明，作为股东在公司享有权益的凭证。股东的股权证明不能自由买卖，如果有股东出让股权，一般应得到其他股东的同意并受一定条件的限制。股权转让时，公司的股东具有优先认购权。如果股权转让给非公司内部的其他人员，则需征得全体股东的同意。股东以其认缴的出资额为限对公司承担责任，股东入股的资产可以是货币，也可以是实物、知识产权或其他无形资产。如安徽中国青年旅行社有限责任公司、河北省中国旅行社有限责任公司等。

（二）股份有限公司

股份有限公司是将全部资本划分为等额股份，并通过股票的形式在市场上自由交易。公司可以通过发起设立和募集设立的方式进行组建。发起设立是指以发起人认购公司应发行的全部股份设立公司；募集设立是指以发起人认购公司应发行股票的一部分，然后通过向社会公开发行股票募集其余部分资金的方式设立公司。股份有限公司的资产归股东所有，股东可以是自然人，也可以是法人。股东入股的资产以货币为主，但也有以实物或知识产权等作价入股的。

股份有限公司对股东负有有限责任，但上市公司必须依法向公众公开财务状况。如北京众信国际旅行社股份有限公司、广州广之旅国际旅行社股份有限公司等。

（三）股份合作制公司

股份合作制，是指全部资产归股份持有者所有，同时股权持有者具有股东和员工双重身份的一种企业形式。股份合作制公司不发行股票，其财产关系由合同规定。公司资产表现为价值形态和实物形态，产权的构成要素较为统一。资产委托代理关系为股份持有者—总经理，总经理由股权持有者选聘或自任，职工由公司聘任。股权持有者的收益由工资和分红两部分构成。如四川康辉国际旅行社成立于1993年，当时公司注册名为"成都威斯特旅游公司"。1994年，公司体制改为股份合作制，这是中国第一家股份合作制旅行社，此改革成为全国旅游行业的改制试点。1995年，中国康辉旅游投资参股，公司更名为"成都康辉—威斯特旅行社"，现为四川康辉国际旅行社有限公司，是中国康辉旅游集团控股的有限责任公司。

（四）国有独资公司

国有独资公司，是指全部资产为国家或全民所有的一种企业形式。其主要有以下几个特征。

① 资产实置于国家部、局、委、办和各省、市、自治区政府部门，其资产的委托代理关系为全民—全国人大—国家各部门—旅行社领导集体—旅行社总经理。

② 公司不存在股权、股份和股票；公司不设董事会，总经理由主管部门任命；公司职员为国家聘用的工作人员。

③ 公司所有权与经营权分离后，经营权包括使用权、收益权和转让权。

如北京神舟国际旅行社集团有限公司（简称神舟国旅集团）成立于1999年，是首旅集团旗下的大型国有独资旅行社集团公司。

（五）外商投资公司

外商投资公司，包括中外合资经营旅行社、中外合作经营旅行社和外资旅行社。中外合作旅行社的产权形态及特点与股份有限公司和有限责任公司相同。股份有限公司和有限责任公司只要吸收外资入股即成为中外合资公司。2017年港资万程（上海）旅行社有限公司获批成为中国（上海）自由贸易试验区首家经营出境旅游业务的外商独资旅行社，也是内地此类企业中第一家获得出境游经营资质的旅行社。

相关链接 1-4

国务院：允许在京外商独资旅行社试点经营出境旅游业务

2019年2月22日，中国政府网发布《国务院关于全面推进北京市服务业扩大开放综合试点工作方案的批复》，同意在北京市继续开展和全面推进服务业扩大开放综合试点，期限为自批复之日起3年。其中，《全面推进北京市服务业扩大开放综合试点开放措施》明确指出，允许在京设立的外商独资经营旅行社试点经营中国公民出境旅游业务（赴台湾地区除外）。

（资料来源：新京报网，有删节）

五、旅行社的经营场所和营业设施

（一）影响旅行社选址的因素

影响旅行社选址的因素主要有以下几点。

① 旅行社的主导业务。旅行社一般分为地接社和组团社两类。地接社的主导业务是承接外地游客来本地的参观游览服务，包括团队和散客类。因此，这类旅行社选址多选在靠近交通站点、景区的地方，方便游客出行。组团社主要组织本地游客外出旅游，因此选址多选在商务区、闹市区或居民区，方便客户咨询，也便于企业宣传。

② 旅行社的经营成本。无论何种类型的旅行社，选址时都需要综合考虑投资成本的投入是否能够得到预期的收益，投资成本以经营场所地价投入为主。因此，旅行社选址还应考虑所在地的房价或租金。如果繁华的商业区或交通枢纽处地价高，费用高，就要慎重考虑。

③ 旅行社的竞争环境。一方面，如果旅行社选址相对集中，那么相互之间的竞争激烈程度将会增大。另一方面，旅行社也可以借鉴优秀同行的明星产品、服务理念等，促进自身改善产品质量、提高服务水平，以吸引更多的旅游者。

（二）旅行社的经营场所要求

① 申请者拥有产权的营业用房，或者申请者租用的、租期不少于1年的营业用房。

② 营业用房应当满足申请者业务经营的需要。

（三）旅行社的营业设施

旅行社的营业设施应当至少包括下列设施、设备。

① 两部以上的直线固定电话。

② 传真机、复印机。
③ 具备与旅游行政管理部门及其他旅游经营者联网条件的计算机。

六、旅行社员工的基本要求

旅行社员工的基本要求有以下几点。
① 从业动机。热爱旅游事业，乐于为旅游者服务。
② 知识结构。具有旅游业务知识和相关文化知识，熟悉《中华人民共和国旅游法》《中华人民共和国民法总则》等法律法规知识。
③ 工作能力。包括设计创新能力、业务开展能力、应变能力、协调能力等。
④ 身心条件。具有良好的心理品质和健康的体魄。
⑤ 从业经历。对于旅行社管理人员（高管、业务部门负责人等）一般要求具备一定实际操作和管理经验；计调人员一般要求2~3年以上从业经历；对于销售人员没有从业经历要求。

任务实施

申请成立旅行社，在了解相关知识和政策规定后，准备好相关文件，登录旅游监管服务平台，在线办理。

任务三
旅行社的组织构建

任务引入

组建旅行社，先要确定成立哪些部门，设置哪些岗位，即定岗定编。然后按照岗位要求招聘员工。请帮助北京某家刚成立的旅行社完成组织构建。

任务分析

旅行社组织结构是否合理，在很大程度上决定着旅行社能否高效运作。旅行社经营业务不同，设置的部门和岗位就不同。旅行社之间差别很大，在组织结构上没有固定的架构，但也存在共通之处。如组织结构设计原则、基本模式、主要职能部门及其职责等。

相关知识

一、旅行社组织结构设计考虑的因素

① 经营范围。旅行社是一个自主经营、自负盈亏的经济主体，通过招徕和接待旅游者，为旅游者提供旅游服务和组织旅游活动来获取旅游收入。旅行社经营范围决定了其必须设立市场销售、服务采购、计调、导游接待等业务部门，同时还要设立财务、人力资源等职能部门。

② 分工协作。旅行社组织结构设计，应体现专业化技能，按照业务分工合理设置部门，避免将不同的业务混合在一起设置同一个部门。同时，旅行社又是一个多部门、多岗位组成的整体。部门、岗位既有明确的自身职责，又要配合其他部门做好协作工作。任何一个部门业务的失误或疏忽，都会影响旅行社整体目标和任务的实现。制定企业规章制度可以使内部协调，实现规范化，有利于组织内部的良好合作。

③ 责、权、利统一。在组织结构设计中，明确划分职责、权力范围，同等岗位职务赋予同等权力，责权一致，避免有权无责、有责无权和有责无利等现象，充分调动职工的积极性。

④ 管理幅度与管理层次。管理幅度是指一个管理者能够直接、有效地控制下属的人数。管理幅度大，管理人数多；管理幅度小，管理人数少。管理幅度大小与管理层次有关，层次多，幅度小；层次少，幅度大。在组织结构设计中，须认真设计切实可行的幅度和层次，既要发挥专业化分工的优势，又要便于相互沟通和协作。

⑤ 精干高效。组织结构的设计，以能实现旅行社的目标任务为原则，尽量减少机构，做到精干高效，减少推诿扯皮、人浮于事的现象。

二、旅行社组织结构设计的步骤

① 确定经营目标。旅行社在进行组织结构设计时，首先要分析内外部环境、业务范围及相关法律法规，明确企业经营目标，这是确定旅行社主导业务和主要职能部门的前提。

② 确定主导业务。旅行社根据各项具体业务工作进行划分，将相近的工作内容优化组合，以便合理划分部门和设置岗位。

③ 确定职能部门。根据经营目标和主导业务，结合行业特点、组织环境等因素，设置职能部门，规定管理层次和幅度。

④ 确定职责权限。各职能部门确定后，旅行社还要规定各部门之间、上下级

之间和同级之间的职权关系及沟通方式，确定各职位的权利、责任和义务。

⑤ 确定岗位要求。旅行社根据各职能部门的业务特点，确定各岗位任职人员能力、素质要求，再按照相应要求配备人员，并明确职务。

三、旅行社组织结构设立方式和部门

（一）传统旅行社组织结构设立方式和部门

1. 组织结构设立方式

（1）按职能设立的组织结构

按职能划分部门的旅行社组织结构，又称为直线制旅行社组织结构。其特点是权力高度集中，部门职能明确，分工各不相同，上下级之间实行单线从属管理。总经理拥有全部权限，尤其是经营决策权。旅行社的部门由业务部门和管理部门构成，业务部门包括产品策划、外联销售、计调、接待、采购等部门；管理部门包括办公室、财务部、人力资源部等。不同旅行社的部门名称、分工会略有差异，但主要部门基本一致。直线制旅行社组织结构如图1-1所示。

（2）按产品设立的组织结构

旅行社以经营的产品类型进行部门划分，形成企业组织结构。其特点是各部门分工明确，业务熟悉，多元化经营可以降低旅行社的经营风险，但可能出现重复。按产品设立的旅行社组织结构如图1-2所示。

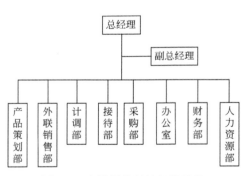

图1-1　直线制旅行社组织结构

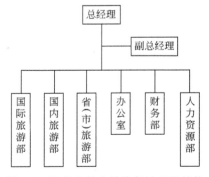

图1-2　按产品设立的旅行社组织结构

2. 主要部门

（1）业务部门

产品策划部：其职能为旅行社市场细分与定位管理；旅行社品牌策划；旅游线路设计；市场推广活动策划。

外联销售部：其职能为收集旅游市场信息；寻找潜在客户，向客户提供旅游产品信息；与客户进行价格谈判并签订合同或协议；建立客户档案，进行客户管理；沟通、协调好旅行社、旅游中间商和游客之间的关系。

计调部：其职能为制订、安排接待计划；协调旅行社、旅游中间商、旅游服务提供商以及导游的关系；办理签证；安排酒店、票务、车辆等预定管理；收集整理旅游业、旅行社、旅行团的各种信息。

接待部：其职能为导游管理；导游服务；协调接待部与旅行社其他各部门的关系；协调导游与旅行社其他各部门的关系。

采购部：其职能为制订采购计划；调查旅游服务市场产品信息；选择合适的旅游供应商；对采购对象进行考察评估；与采购供应商进行业务洽谈并签订采购合同；建立采购协作网络；处理好保证供应和降低成本的关系。

（2）管理部门

办公室：其职责为旅行社各部门协调、沟通；接待、活动、会议的组织管理；安全保障管理；后勤保障管理；文书、档案管理；行政费用控制；财产物资管理。

财务部：其职责为财务预算管理；投融资管理；日常会计核算管理；财务分析管理；财务监督与管理。

人力资源部：其职责为编制人力资源管理的规章制度、编制旅行社人力资源规划、员工招聘、员工日常管理、员工培训、绩效考核、薪酬福利管理。

（二）现代旅行社组织结构设立方式和部门

① 按旅游目的地不同划分为国内旅游部（华东部、华北部等）；出境旅游部（欧洲部、中东部等）。

② 按业务形式划分为组团部、散客部、定制部、邮轮部、研学部、电商部等。

③ 按管理内容划分为办公室、财务部、渠道部（分社、门市）、供应商管理部、质监部等。

任务实施

从设立的旅行社实际情况来看，该社地处北京，主要经营国内旅游业务和入境旅游业务。主要部门设置示例如下。

北京某旅行社组织结构

部门名称	主要职能
办公室	统筹、管理、行政
财务部	会计、出纳、预算核算
人力资源部	人力资源规划、员工招聘及培训、绩效考核
国内旅游部	国内手续办理、酒店选择、客户谈判
入境旅游部	入境旅游接待
策划部	旅游线路设计、旅游产品推广策划
电子商务部	网络建设、网站编辑、网络宣传策划、网上交易

项目实训

利用课余时间考察调研当地某家旅行社,完成调查报告。(内容包括:旅行社名称、类别、位置、注册资本、性质、主要业务、部门设置、绩效考核、企业文化等)

复习思考题

1. 如何正确认识旅行社的性质?
2. 我国旅行社是如何分类的?
3. 旅行社的职能有哪些?
4. 旅行社的基本业务有哪些?
5. 旅行社设立的条件有哪些?
6. 旅行社的设立形式有哪些?各自的特点是什么?
7. 旅行社组织结构设计考虑的因素有哪些?
8. 目前我国旅行社是如何设置部门的?

项目二

旅行社产品开发设计

项目目标

知识目标：了解旅行社产品的特征、旅游线路的概念与类型；掌握旅行社产品的分类、旅游线路设计的原则与方法、旅游线路设计流程。

能力目标：能够对旅行社产品进行类别分析；能够进行旅游线路的设计与开发。

素质目标：培养对事物的基本判断力和总结归纳能力；培养发散思维、创新和合作意识。

任务一
旅行社产品开发

任务引入

产品是旅行社生存的基础。旅行社成立之后，能否在竞争中取胜很大程度上取决于它是否能提供旅游者满意的产品。请为北京这家新成立的旅行社提供开发设计产品的基本思路。

任务分析

开发设计旅行社产品，首先要了解什么是旅行社产品，旅行社产品是旅游线路吗？旅行社产品都有哪些类型？在此基础上开发设计旅行社产品才能不偏离方向。

相关知识

一、旅行社产品的概念及特征

（一）旅行社产品的概念

菲利普·科特勒认为，产品是指能提供给市场以引起人们注意、获得、使用或消费，从而满足某种欲望或需要的一切东西，包括实物、服务、人员、场地、组织和理念。从经营者角度讲，旅行社产品指的是为了满足旅游者食、住、行、游、购、娱的需要而向旅游者提供的有偿服务。

很多人直接把旅游线路作为旅行社产品，实际上，旅游线路只是旅行社产品的重要组成部分之一，不能把旅游线路等同于旅行社产品。旅行社核心产品为旅游线路，除此之外，旅行社产品还包括旅游线路六大要素的组合、设计、采购和对旅游者的售前、售中、售后服务。例如为旅游者提供的旅游咨询服务、网络电脑预定、处理投诉等。

（二）旅行社产品的特征

1. 无形性

旅行社产品通过组合各种旅游吸引物实现，其核心是旅游服务。如果说提供的线路产品可以通过图片、视频提前浏览，旅行社提供的其他相关服务，比如导游服务、服务咨询等则是不通过消费无法实现的，所以说旅行社产品是一种无形性的产品。虽然旅行社产品具有无形性，但是好的服务会赢得好的口碑，好的口碑就变成了品牌的力量，品牌带给旅行社产品有形的价值和感知。

2. 可复制性

旅行社产品可以复制存在两方面原因：第一，目前中国知识产权对于服务类产品的产权界定还不明确；第二，旅行社产品是对各个旅游要素的组合，这些旅游要素比如饮食、购物、旅游景点等是可以共享的。当然旅行社也可以通过品牌化经营、服务化差异或者短时间内垄断某个景点来消除可复制性。

3. 综合性

综合性是指旅行社产品的构成丰富多样，食、住、行、游、购、娱等都融合在其中。也正因为如此，旅行社必须和多个部门建立广泛的联系。此外，旅游吸引物也具有将各种现实的潜在的单项实物产品和服务性产品聚合统一为完整的旅游产品的特点。

4. 不可分离性

不可分离性是指旅行社产品生产与消费的同步性。旅行社产品的生产和消费是同时进行的，在服务人员提供服务的同时，旅游者同时进行消费。这与工业企业产品先生产、再流通、后消费的特性有明显的区别。此外，不可分离性还体现在以下两方面：一是旅行社产品进入流通环节后，不再移动，旅游者只能到旅行社产品的生产地进行消费；二是旅游者购买旅行社产品，只享有旅行社产品的使用权，旅行社产品的所有权并没有转移。

5. 差异性

旅行社生产的产品在消费的过程中会因为提供服务的人员不同、参与消费的旅游者不同，对产品质量的感受也不同。即使同一服务人员受自身因素影响，服务水平也可能不同。但是，这并不是说旅行社产品没有服务标准，而是在一定服务标准的前提下，由于其他因素导致的消费评价不同。

6. 公共性

旅行社产品是一种公共产品，不具排他性。由于旅游者只是购买了旅行社产品的使用权，并没有购买所有权，因此旅游资源企业可以同时为多家旅行社提供产品，比如景区可为多家旅行社的旅游者提供游览服务，酒店可为多家旅行社旅游者提供食宿服务。

7. 易受影响性

由于旅行社产品是多个旅游资源企业提供的产品和服务组成的综合体，而且在产品的生产和消费过程中存在许多影响因素，每一个因素的变化都会影响到旅行社产品的生产和消费。如自然因素、社会因素、政治因素、经济因素等，这也是旅游产业脆弱性的体现。

二、旅行社产品分类

（一）按照产品组成情况分类

根据产品组成情况，可以把旅行社产品分为团队旅行社产品、自由行旅行社产品和单项旅行社产品。

1. 团队旅行社产品

团队旅行社产品在各大门户网站被称为跟团旅游产品，也就是业界常说的包价旅游产品，包含全包价旅游产品和半包价旅游产品。团队旅行社产品指旅游者在旅游活动开始前即将一次性全部或部分旅游费用预付给旅行社，由旅行社根据同旅游者签订的合同，相应地为旅游者安排旅游途中的食、住、行、游、购、娱等活动。

2. 自由行旅行社产品

自由行是一种新兴的旅游方式，即机票加酒店。自由行旅行社产品是指旅游者根据时间、兴趣和经济情况自由选择希望游览的景点、入住的酒店以及出行的日期，仅由旅行社安排住宿与交通，没有导游随行，饮食也由旅游者自行安排的一种新型的旅行社产品。

自由行为旅游者提供了很大的自由性,在价格上一般要高于旅行社的跟团产品,但要比完全自己出行的散客的价格优惠许多。

3. 单项旅行社产品

单项旅行社产品,又称为单项委托服务,是指旅行社为散客提供的各种按单项计价的可供选择的服务。旅行社提供的单项旅行社产品主要有:抵离接送;代订饭店;代租汽车;代办入境、出境、过境临时居住和旅游签证;提供导游服务等。

相关链接 2-1

管家式新旅程

如果您还在担心"团队游"不够自由,又担心"自由行"太过自由,不知应怎么玩,并且担心人生地不熟,到头来都只是在酒店虚度时光,那么我向您隆重介绍我们的全新产品类型——"管家式新旅程",这类产品融合了"团队游"和"自由行"的优点,既保证了您能享有充分的自由活动时间,又保证了您能游览到精华景点。我们在"自由行"产品基础上为您在其中穿插了1~2天内的精选一日游行程。同时,在完全自由活动的时间段内,我们给您设计了应该怎么去玩。

推荐线路:泰国曼谷+苏梅岛(5晚7天半自由行)

团队行程

第一天　北京  曼谷

北京—曼谷【海航】HU 7995 20:15—00:40 首都机场集合,办理登机手续后准备启程前往曼谷。抵达后,司机接您前往酒店办理入住手续。

早餐:敬请自理　中餐:敬请自理　晚餐:敬请自理

住宿:国际五星级酒店(Radisson Blu Plaza Bangkok 或同级)

第二天　曼谷 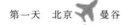 苏梅岛

曼谷—苏梅岛【曼谷航空】PG 145 13:45—14:50

早餐后,自由活动。10:20前退房,司机送往机场,办理登机手续,乘坐航班前往苏梅岛。抵达后,司机接您前往酒店办理入住手续,开始苏梅岛浪漫之旅!

办理入住后,休息片刻,参观酒店设施,熟悉环境。美丽的花园、泳池、海滩,会让您倍感舒适。换好泳装,赶快游泳、拍照、享受海边惬意时光!

早餐:酒店内早餐　午餐:敬请自理　晚餐:敬请自理

住宿:国际五星级酒店(Anantara Lawana Resort & SPA 或同级)

续表

第三天　苏梅岛 【安通国家海洋公园】出海观光一日游 08:00 早餐后酒店大堂集合,凭船票坐车前往码头。 08:45 抵达码头以后,领取浮潜设备,听取注意事项。 09:00 浮潜游泳,欣赏美丽珊瑚群。 11:30 乘船环绕国家海洋公园,欣赏美丽风光。 12:00 参观"Emerald Lake"——岛屿环抱围成的内湖,颜色是像碧玉一样的绿色。 12:30 享用午餐。 13:30 浮潜休息,自由活动,参观国家海洋公园,或者登上安通国家海洋公园最高山,观赏整个国家海洋公园美景。 15:00 从安通国家海洋公园返回苏梅岛。 16:00 抵达苏梅岛,由司机送回酒店。 费用包含:英语导游、浮潜设备、午餐、免费水果和饮料、往返酒店接送。 17:00—18:00 累了一天,您肯定胃口大开。接着品尝柠檬蒸鱼、青木瓜沙拉、绿咖喱鸡、咖喱螃蟹等,看哪个最对胃口呢? 18:00—20:00 逛逛夜市,或者和友人在露天咖啡座、酒吧品尝清凉饮料,放松身心。 20:00—22:00 做个 SPA 放松一下。泰式 SPA 手法超赞,普通的足底放松和全身精油护理,多种可选,经济实惠,也是泰国游最值得体验的。当地受欢迎的 SPA 有以下几家。 1. Nature wing。Nature wing 这家 SPA 走的是纯自然热带森林风,按摩师手法一流,曾在多次比赛中荣获名次。 2. Silarom SPA。苏梅岛的 Silarom SPA 是在泰国获奖无数的代表性 SPA 之一,走自然原野风,在石崖间、海天里,让你真正体验大地的心灵洗礼。 3. Eranda SPA。Eranda SPA 位于查文区北山腰上,在当地有口皆碑。 早餐:酒店内早餐　　午餐:含(简餐)　　晚餐:敬请自理 住宿:国际五星级酒店(Anantara Lawana Resort & SPA)
第四天　苏梅岛 全天自由活动。 另外推荐 南园岛、涛岛浮潜一日游 06:30 乘坐接送车前往 Lomprayah 码头。 07:15 Check in 并且领取浮潜设备,游客同时可以享用简单早餐。 08:00 乘船离开码头前往南园岛。 10:00 到达涛岛,游客换乘船前往涛岛最美的海湾进行浮潜。 12:00 前往南园岛餐厅享用午餐(简餐)。 13:00 自由活动时间,游客可以在南园岛游泳、浮潜或者登上南园岛最高的观景台。 14:30 返回涛岛码头。 15:00 乘船返回苏梅岛。 16:30 乘坐接送车返回酒店。 参考价格:成人 350 元,儿童 210 元。 费用包含:英语导游、浮潜设备、午餐、免费水果和饮料、往返酒店接送。 早餐:酒店内早餐　　午餐:敬请自理　　晚餐:敬请自理 住宿:国际五星级酒店(Anantara Lawana Resort & SPA)

续表

第五天 苏梅岛 早餐后,自由活动。 早餐:含　午餐:敬请自理　晚餐:敬请自理 住宿:国际五星级酒店(Anantara Lawana Resort & SPA)
第六天 苏梅岛 ✈ 曼谷 苏梅岛—曼谷　【曼谷航空】PG 914 18:05—19:35 早餐后,自由活动,请于12:00前退房,可将行李寄存前台,然后继续自由活动。 根据航班时间,司机送您前往机场,办理登机手续。乘坐航班前往曼谷机场,然后办理转机手续,可以逛逛曼谷机场免税店,自由购物。 早餐:含　午餐:敬请自理　晚餐:敬请自理 住宿:无
第七天 曼谷 ✈ 北京 曼谷—北京　【海航】HU7996 01:40—06:35 平安抵达北京,结束愉快的曼谷＋苏梅岛之旅。 早餐:敬请自理　午餐:敬请自理　晚餐:敬请自理 住宿:无
费用包含 1. 交通:往返团队经济舱机票含税费。 2. 住宿:当地酒店标准双人间5晚。 3. 用餐:酒店自助早餐。 4. 用车:赠送接送机服务。 5. 保险:旅行社责任险。 6. 安通国家海洋公园出海观光一日游(拼车接送),行程中提及的接送。 **费用不包含** 1. 单房差。 2. 泰国个人旅游签证。(300元/人,可以选择落地签) 3. 出入境个人物品海关征税,超重行李的托运费、保管费。 4. 因交通延阻、罢工、天气、飞机机器故障、航班取消或更改时间等不可抗力原因所引致的额外费用。 5. 酒店内洗衣、理发、电话、传真、收费电视、饮品、烟酒等个人消费。 6. 以上"费用包含"中不包含的其他项目。 7. 旅游人身意外保险,建议报名时购买。

(资料来源：中国国旅官方网站)

(二) 按照产品的功能分类

根据产品的功能,可以把旅行社产品分为观光型旅行社产品、商务型旅行社产品、休闲型旅行社产品、主题型旅行社产品等。

1. 观光型旅行社产品

观光型旅行社产品是指旅行社为了满足旅游者观赏和游览自然风光、名胜古迹等主要目的而提供的一系列服务产品组合。这类产品在世界上许多国家又被称为观景旅游产品。观光的内容比较多样，一般可以分为自然和人文两方面。

观光型旅行社产品，是旅行社为了满足旅游者需求推出的一种传统旅游产品，推出时间早，影响范围广，目前仍然是旅行社产品的主体部分。随着现代旅游的发展，消费者需求的不断变化，单纯的观光旅游已经不能满足旅游者的需求。旅行社为了迎合旅游者的需求，在传统观光产品中也融入了更多的文化内涵和休闲度假内容。

2. 商务型旅行社产品

联合国世界旅游组织（UNWTO）将商务旅游定义为："出于商业的目的，人们到达并在非居住地停留的活动。"商务人士的出行除了传统的商贸经营外，还包括参加行业会展、跨国公司的区域年会、调研与考察、公司间跨区域的技术交流、产品发布会以及公司奖励旅游等。

商务型旅行社产品是指旅行社为了满足商业客户（跨国公司、国内大中型企业、行业协会等高端集团客户）需求，为其提供的商务考察、奖励旅游、差旅管理、会议管理、活动管理、教育培训、公关策划、展览展示等服务产品组合。

3. 休闲型旅行社产品

休闲旅游产品是指旅游者以休闲活动为目的，借助一定的自然或人文环境，通过较轻松的旅游活动方式，使身心愉快、精神放松的旅游活动。人类休闲的方式多种多样，有的人认为读书、听音乐是一种休闲方式，也有人认为购物、享用美食是一种休闲方式。选择旅游作为休闲方式的旅游者，一般情况下是为了暂时改变日常生活环境，远离生活工作的紧张氛围，选择一个风景秀美的地方，通过感受自然的气息以消除身体疲劳和放松心情。

休闲型旅行社产品是指旅行社为了满足旅游者休闲的需求，精心为旅游者挑选旅游地，为其设计轻松的旅游活动而使其达到身心放松的综合性的服务产品。根据旅行社挑选的旅游目的地的不同，休闲型旅行社产品又分为以下几种类型，见表 2-1。

表 2-1 休闲型旅行社产品类型

休闲型旅行社产品分类	内容
滨海型（包括海岛、游轮）	潜水、日光浴、海上摩托艇、冲浪、温泉 SPA 等
山地型	高山滑雪、疗养、避暑、登山等
湖泊型	泛舟、垂钓、疗养、游泳、观光等
城市公园型（含度假村）	泛舟、赏花、娱乐、温泉 SPA 等
古堡古城型	民族文化、异域风情、疗养、观光等
乡野郊区型	美食、垂钓、休闲种植、采摘、度假、娱乐等

4. 主题型旅行社产品

伴随着人类需求的多样化、个性化，旅行社只提供大众型的旅游产品已经不能满足旅游者的需求。为了满足旅游者各个时期不同的旅游需求，也为了旅行社差异化的需要，各个旅行社都推出了主题型旅行社产品。

主题型旅行社产品是指旅行社为了满足部分细分旅游者的个性化需求，特别定制的能满足其食、住、行、游、购、娱等需求的高端旅行社产品。主题型旅行社产品属于深度旅游的范畴，旅游者在一个领域内与旅游目标物亲密接触，旅游者关心的是互动的过程，比如摄影爱好者为了拍摄某种动物而旅游，是为了和这种动物亲密接触，捕捉它们的瞬间，以此获得旅游的满足感。

根据分类方法不同，主题型旅行社产品也有不同的类别。

按照旅游者年龄分为银发旅行社产品、蜜月情侣旅行社产品、青少年研学旅行社产品、亲子旅行社产品等。

按照旅游目的不同分为文化探秘类旅行社产品、春季赏花类旅行社产品、冰雪类旅行社产品、购物类旅行社产品、深度体验类旅行社产品等。

按照旅游爱好不同分为摄影类旅行社产品、运动类旅行社产品（包括高尔夫、极限运动等）、丛林探险类旅行社产品、自驾旅行社产品（包括汽车驾驶、自行车骑行等）、邮轮旅行社产品等。

（三）按照业务范围分类

根据业务范围，可以把旅行社产品分为出境旅行社产品、入境旅行社产品和其他服务类旅行社产品。

1. 出境游旅行社产品

出境游旅行社产品是指旅行社开发的出境旅游业务的旅行社产品。

2. 入境游旅行社产品

入境游旅行社产品是指旅行社开发的入境旅游业务的旅行社产品。

3. 其他服务类旅行社产品

（四）按照产品的档次、等级分类

根据产品的档次、等级，可以把旅行社产品分为豪华型旅行社产品、标准型旅行社产品和经济型旅行社产品。

1. 豪华型旅行社产品

豪华型旅行社产品一般选取四星级以上（包括四星级）的酒店或者豪华度假村，餐饮以目的地特色饮食为主，餐标 60 元以上，城市间大交通以飞机、高铁（商务座、一等座）、火车软卧为主，城市内交通以进口的具备空调设施的豪华旅游车为主，旅游行程设计宽松，有一定自由活动，配置优秀导游，让旅游者有尊

项目二 旅行社产品开发设计

贵的感觉。

2. 标准型旅行社产品

标准型旅行社产品一般选取四星级以下,三星级以上,包括三星级或同等档次的酒店、度假村、豪华农家院,餐标30~50元,城市间大交通以飞机经济舱、火车硬卧、高铁、动车(二等座)为主,城市内交通选取国内生产的豪华旅游车。

3. 经济型旅行社产品

经济型旅行社产品一般选取社会饭店或者农家院标准间或3人间,餐饮以游客吃饱为基本标准,餐标30元以下,城市间大交通以火车硬座为主,城市内交通以普通大客车或者国产带冷风的旅游车。

任务实施

旅行社成立不到两年,按照规定只能经营国内和入境旅游业务。因此,可以依据不同的标准开发设计旅行社产品,但是不能包括出境旅游产品;开发设计旅行社产品类型应该多样化,并且应有特色主打产品;旅行社产品不仅是旅游线路,还应包括服务产品。

任务二
旅行社线路设计

任务引入

根据世界旅游业理事会(WTTC)数据,2017年阿联酋旅游业总额达690亿迪拉姆(约合187.9亿美元),在GDP(国内生产总值)中占比5.1%。迪拜是阿联酋第二大酋长国,也是中东最富有、最现代化的城市之一,它拥有着与以往传统旅游目的地不一样的特色:神秘的阿拉伯世界,高耸入云的摩天大楼,世界最豪华的酒店等。据迪拜旅游局统计,2017年中国成为迪拜入境旅游第五大客源市场,游客人数突破764000人。北京某家旅行社取得经营许可满两年后,经批准可以经营出境旅游业务,于是准备开发迪拜旅游线路。请搜索旅游市场上的迪拜线路,并进行优劣评析。

任务分析

旅游线路产品是旅行社产品最重要的组成部分,旅游线路产品的竞争也成为旅行社竞争的主战场。要设计出令旅游者满意并拥有高市场占有率的线路，首先要对旅游市场上同类型的旅游线路产品进行分析，取长补短，然后设计出具有自身特色的旅游线路。

相关知识

一、旅游线路的概念与类型

（一）旅游线路的概念

对于旅游线路，目前还没有统一的规范性定义。本书中对于旅游线路的定义如下：旅游线路是在旅行社产品开发基础上配合设计的，为了满足旅游者的需求，按照一定的主题把旅游各要素按照交通方式串联起来的旅游路径。旅游线路设计则是寻求投入产出比和旅游感受双优的过程。

（二）旅游线路的类型

旅游线路的类型划分比较复杂，根据不同的标准，有不同的划分方法。阎友兵根据当前学术界流行和较为认可的标准与方法将旅游线路划分为如下几种类型。

① 按国界来划分，旅游线路可分为国际旅游线路和国内旅游线路。

② 按旅游天数来划分，旅游线路可分为一日游、二日游、十日游以及半月游等。

③ 按旅游线路距离远近来划分，旅游线路可分为长距离（大于1000km）旅游线路、中距离（500～1000km）旅游线路和短距离（小于500km）旅游线路。

④ 按旅游活动内容和性质来划分，旅游线路可分为观光型旅游线路、度假型旅游线路、专题型旅游线路、俱乐部旅游线路、研学旅游线路等。

⑤ 按旅游者所乘交通工具来划分，旅游线路可分为徒步旅游线路、自行车旅游线路、水上旅游线路、航空旅游线路、汽车旅游线路、火车旅游线路。

⑥ 按旅游者的行为和意愿特性来划分，旅游线路可分为周游型旅游线路和逗留型旅游线路。

除此之外，按旅游等级来划分，旅游线路可分为豪华团、标准团、经济团旅游线路；按旅游市场的年龄来划分，旅游线路又可分为老、中、青旅游线路；按旅行方式来划分，旅游线路还可分为团体旅游线路、散客旅游线路、俱乐部旅游线路、自驾车旅游线路。

二、旅游线路设计的原则与方法

（一）旅游线路设计的原则

1. 市场主导原则

由于旅游者职业、年龄、性格、爱好、收入状况以及受教育的程度不同，旅游的需求也就不尽相同，从而导致对旅游市场的个性化和多元化需求。因此，旅游企业在进行旅游线路设计时，要深入研究和不断细分旅游市场，根据旅游者的需求，适时推出具有个性风格的旅游线路。如年轻人喜欢惊险、刺激的旅游活动，旅行社可推出野外露营、攀岩、漂流、蹦极、沙漠探险等旅游线路；老年人喜欢安逸，注重健康，旅行社可推出异地疗养游、体育锻炼游等旅游线路。

此外，旅行社可以根据旅游者相对稳定并具有代表性的需求特点，同时结合不同时期的风尚和潮流，设计出适合市场需求的旅游线路。旅行社还可以根据旅游者和中间商的要求，设计专门的旅游线路。

2. 布局合理原则

（1）尽量避免重复

旅游者总是希望以最短的旅游时间，最少的旅游成本，获得最大的旅游体验。旅游线路设计要尽量缩短"旅"的时间，增加"游"的时间，争取游览更多的旅游景点。一般把旅游景点串联成环形路线，以避免走回头路，从而实现旅游线路空间设计的最优化。如果走回头路，就是对旅游者时间、金钱的浪费，旅游者就会形成不良的旅游体验。

（2）择点适量适当

首先，景点数量的选择、紧凑程度同旅游线路类型有关，一般观光类的旅游线路景点数量较多，安排较紧凑；休闲类的旅游线路景点数量较少，安排较宽松。即使是观光类的旅游线路景点也不能安排过多，过多则会造成旅游者旅途紧张疲劳，达不到娱乐的目的，旅游者因为走马观花，不能深入体验，降低了他们体验的满意度，自然回头客会减少。

其次，对于旅游景点的选择不仅要数量上适量，而且要质量上适当。不能把性质相同、景色相近的旅游景点编排在同一线路中，旅行社既要考虑旅游景点的特色，又要考虑整条线路的效果，否则会影响旅游线路的吸引力。

旅游线路的设计不能仅局限于本区域、本景区、本景点，而是要用全局的眼光，加强区域合作，进行资源整合，实现优势互补。旅游资源的差异性导致旅游资源的互补性，按照差异性和互补性，可依托周边地区的大、热景点，带动本地区的小、冷景点。

最后，景点数量、质量的选择最终还是取决于旅游者的旅游目的和偏好，不能一概而论。

（3）点间距离适中

旅游者都希望能够花多一些的时间在旅游景点上而不是旅游路途上，所以同一旅游线路各旅游景点之间的距离不宜太远，以免造成大量时间和金钱耗费在旅途上。

（4）顺序排列科学

旅游线路的设计要注意动静结合。所谓"动"是指步行、划船、登山、滑雪、民俗活动等参与性的体验项目，这些活动一般消耗的体力大。所谓"静"就是指乘船、坐缆车、观看表演等项目。动静交错可以让游客的体力，既有积极的支出，又有休养恢复的时间，不至于太过劳累或太过悠闲。节奏太松，旅游者会觉得时间没有充分利用；节奏太紧，旅游者不能获得良好的旅游体验。

3. 主题鲜明原则

旅游本质吸引力是旅游吸引物的吸引力，特色越浓，对旅游者的吸引力就越强烈。近些年一些热销的线路一直热度不减就是这个原因。如云南旅游线路的特色不仅在于云南美丽的山水，还在于云南多个少数民族的民俗风情，如白族的"三道茶"、纳西族妇女的"披星戴月"服饰、泸沽湖摩梭人的"女儿国"等。因此，云南旅游线路的主题可以定位为少数民族风情游。

此外，旅行社还可针对社会时尚提出主题，比如热播剧的拍摄地往往能掀起人们旅游的热情。

4. 经济、社会、生态效益三赢原则

目前大多数旅游企业为了眼前的经济效益，热衷于把一些旅游热点景区串联起来组成旅游线路，推向市场，从而导致一些热点旅游景区人满为患，既破坏了热点景区的生态环境，也影响了旅游者的旅游质量。因此，旅行社在旅游线路设计时，一定要注意经济、社会、生态效益三者的协调发展。例如前述这种情况，旅行社可以以热点景区为中心，适当融入一些与之相关的温、冷景区，共同组成旅游线路。这样既分散了热点景区的客流，维护了热点景区的生态环境，又带动了温、冷景区旅游的发展。

此外，如果旅行社考虑的只是自身的经济效益（利用低价招徕游客），同样会严重损坏旅游者的利益，这样的旅游线路，也不利于旅游业的发展。

（二）旅游线路设计的方法

1. 创新型的旅游线路设计方法

在旅游者需求多样化的今天，很难有一款产品适合所有人。旅游线路也是如此，旅游线路创新首先就要细分市场，对某个细分市场有很好的把握。创新型的

旅游线路在设计的时候要做到产品设计有创意，服务设计有新意，营销活动有创意。

产品设计有创意，是指旅游线路要么有明确的受众群体，要么有自己的特色，要么有鲜明的主题，三者必有其一。明确的受众可以让推销有针对性，独特的特色是使产品脱颖而出的奇招，鲜明的主题能对旅游者产生一定的吸引力。

服务设计有新意，是指服务质量和水平区别于其他旅游线路产品。在旅游者自身文化水平提高，旅游经验丰富的情况下，服务必须要不断根据市场的变化进行创新。服务质量的竞争成了旅游者选择旅游产品的重要因素之一。旅行社力求为旅游者提供"私人定制"服务，从而提升旅游产品的市场竞争力和旅游者的消费满意度。

营销活动有创意，是指旅游线路产品营销宣传要有创意和吸引力，宣传手段也要推陈出新。一方面，宣传要有好的策划，主题口号和宣传口号朗朗上口，宣传画面有视觉冲击力，能直触旅游者消费的心；另一方面，宣传手段除了利用好传统传媒组合（报纸、电视、广播、网络等）之外，还要采取有创新的宣传活动：旅游节庆活动，参与电影电视作品拍摄等。

2．提高型的旅游线路设计方法

有很多旅游线路虽然非常经典，但是随着旅游者消费方式和消费观念的转变，旅行社要对原来的产品进行提高型的旅游线路设计。提高型的旅游线路设计可以通过以下方式进行：改换新的主题，注入新的服务模式，深度开发线路产品等。改换新的主题一般是指深入挖掘当地的文化内涵，以文化吸引人；注入新的服务模式是指加入个性化服务和情感服务的内容，给旅游者更多的自主选择；深度开发线路产品是指在原有基础上，对于关键景点增加游览时间和游览内容，促进旅游者对当地民俗的了解。

3．模拟型的旅游线路设计方法

模拟型的旅游线路设计是目前很多中小旅行社常见的做法，即对于市场上表现比较好的旅游线路直接模拟进行的线路开发。貌似投入小收益大，但是进入市场慢，只能依靠价格战抢占市场，在小规模采购价格优势不明显的情况下往往陷入低价竞争的旋涡。低价竞争不利于企业长远发展，同时因为低价竞争也损害了旅游者的利益，长此以往会损害中国旅游行业的形象，影响团队旅游的发展。

三、旅游线路设计流程

（一）旅游需求调研和分析

旅行社可以从市场调查、咨询公司、旅游者和从业者的反馈、统计资料等材料中获取有关的信息，从旅游需求市场、旅游供给市场、旅游竞争市场三个相互依存的市场出发，通过对获得信息的分析、研究，从中激发新线路、新产品设计的创意，保证旅行社设计的产品贴近市场，符合市场需求。

(二) 旅游要素选择

旅游线路作为一种组合旅游产品，它的价值可以体现在核心利益（审美和愉悦）、展现利益（价格、质量、声誉和区域）和最佳利益（交通、住宿、餐饮和购物等）三个层面，这其中的组合是很多的。例如相同的景点可以有不同的交通线路组合，不同的游览时间和游览顺序组合，不同的餐饮住宿企业组合，不同价格标准、不同内容的服务组合等。创意、构思之后，在具体的众多可能组合间进行选择，它是设计思想具体化的过程。在这个具体化的过程中除了考虑上述因素，也要考虑以下几个要素。

1. 选择旅游目标市场

选择旅游目标市场即确定旅游细分市场。

2. 选择旅游目的地

根据旅游目标市场的喜好进行旅游目的地的选择，在选择的过程中要考虑旅游目的地的区位、交通、旅游资源类型和组合、气候条件、经济发展水平、旅游基本设施条件、消费水平、社会稳定、旅游景区景点的门票价格等。旅游目的地选择决定了旅游线路对旅游者的吸引力，也就决定了旅游线路销售的前景。

3. 选择合作伙伴

好的合作伙伴对于旅行社至关重要，直接影响旅游线路的价格和质量。挑选合作伙伴要考虑客户旅行社的信誉、组团能力、地理位置、合作意向等方面，要审慎地选择。

4. 选择旅游交通方式

旅游交通运输业作为旅游业的重要组成部分，本身也是旅游收入和旅游创汇的重要来源。交通费用在旅游费用中占了很大的比例，属于基本旅游费用，是旅游者在旅游活动中一般必须支付的费用。交通方式也在一定程度上决定了旅游线路产品的档次。

交通方式的选择也要考虑时间距离和空间距离。旅行距离通常涉及空间距离和时间距离两个方面。空间距离越大，完成所需要的时间距离也越多，然而人们外出的时间是有限的。为了更加有效地利用时间，人们必须尽量缩短用于交通方面的时间。

不管选择什么样的交通方式都要尽量地做到旅途时间性价比最好、安全性能高。一般舒适度、速度与价格成正比，舒适度高、速度快的一般价格比较高；舒适度低、速度慢的一般价格也比较低。所以旅行社要根据旅游者的消费需求来决定选择何种交通方式。

5. 选择旅游餐饮住宿场所

旅游团队对于住宿的基本要求是干净、安静、设施齐备。可以根据旅游主题和旅游档次的不同选择不同的酒店。世界各地按照传统分法，酒店一般分为四类：商务型酒店、长住型酒店、度假型酒店、会议型酒店。住宿与餐饮安排是否合理，关系到整个旅游活动能否顺利完成，关系到旅游者的旅游效果以及对旅游线路质量高低的评价。旅行社安排住宿与餐饮：一是要以旅游者的经济条件和消费水平为依据，划分不同档次；二是要选择地理位置优、信誉好、质量高、价格多样的酒店；三是所选择的用餐点要干净、卫生，有特色，能充分体现当地风土人情。此外，旅行社还应考虑一些能够体现当地特色的自费餐饮项目，供旅游者选择。

国际青年旅舍联盟

国际青年旅舍联盟（Hostelling International，简称HI），前身为International Youth Hostel Federation（简称IYHF）。联盟标志（蓝三角加上小屋及冷杉）经过联合国欧洲经济公署道路安全工作委员会允许后，进入了国际公共交通标志系统。联盟标志是一个世界性的品牌和注册商标。世界青年旅舍已经遍布各个国际旅游区的中心地带，除了传统的学生和青少年外，今天旅舍的客人则很多是三十岁左右的独自出游的背包一族。

青年旅舍向人们提供的不仅仅是一条干净的床单，其旨在提高对世界各族青少年的教育，鼓励他们更多地了解、热爱和关心郊野，欣赏世界各地的城市和乡村的文化。另外，提供没有种族、国籍、肤色、宗教、性别、阶层或政见区别的环境，促进青少年对本国和国外进行更深的了解。同时向人们展示一种健康、回归自然的生活方式。每晚与来自四面八方的青年联欢、交流；每天清晨清理"旅舍杂务"；在当地考察，自己动手打理生活；不使用一次性用具；戒烟、戒酒，这种生活方式有利于改善生活在城市里的孩子们的心理和生理健康水平，也教给青年人朴素、自律和关心他人的美德。在青年旅舍生活、睡觉、吃饭使得住客们必须考虑他人的需要，并爱护"他们"旅舍的公共财物。

（资料来源：百度百科）

6. 选择旅游购物娱乐场所

购物和娱乐活动是一个完整的旅游过程所不可缺少的重要环节。购物和娱乐活动是否圆满实现,不仅能为旅游目的地起到宣传的作用,也能让旅游者获得心理上全面的满足,还能给旅行社带来丰厚的经济收益。

旅行社安排的各种活动一定要注意保障旅游者的生命、财产安全。首先,可以选择旅游商品丰富、购物环境理想的购物点,以及健康、文明、高雅的娱乐活动;其次,要全程统筹、避免重复,尽量安排在旅游线路所串联的主要景区(点)之中;最后,要特别注意包价项目和自费项目相结合,严格控制导游完全自主安排活动的行为。此外,还要注意购物时间长短要合理,把参观、购物和休息结合起来。

(三) 旅游价格确定

一旦旅游目的地、线路组合方式确定后,旅行社就应该给出一个旅游线路的价格。以中国旅行社国内旅游产品的价格确定为例,旅游价格确定通常采取下列几个步骤。

① 组团社向地接社提出产品的内容和要求,例如几日游、住宿与饮食要求以及等级、游览项目要求等。

② 地接社给组团社报价。

③ 组团社如果接受此价格,则在此基础上加上自己的利润和旅游者往返交通票价,确定出最后价格。

④ 组团社向旅游者报价。旅行社产品报价注意事项:报价要快速高效;报价不能随意更改;报价要合理并留有余地;注意报价细节;成交价格不能过低;报价要灵活。

(四) 旅游线路检验与调整

旅游线路制定后,旅行社可以通过发团实验的方式来检验实施的效果,根据实施的效果和对效果的预测,对方案进行评价。旅游线路检验是旅游线路试行的过程,检验的结果将作为旅游线路是否推行的依据。依据旅游线路检验的结果,对旅游线路进行修改、完善,然后正式推向市场。

(五) 旅游线路营销

旅行社应该采取各种营销手段来促使旅游者接受新产品。大部分旅行社没有足够的实力进行电视广告营销,它们大多使用报纸、网站、人员促销和公共关系营销等方法来推广。此外,微信、抖音等新的营销手段也受到越来越多旅游者的喜爱。

任务实施

搜索到的中旅总社的迪拜旅游线路如下。

项目二 旅行社产品开发设计

线路名称：迪拜"六七八星级"酒店王者盛宴之旅

出发城市：北京

	迪拜"六七八星级"酒店王者盛宴之旅（参考报价 27 900 元）	
第一天 北京—迪拜	怀着一颗喜悦的心乘坐国航前往迪拜，中午到达迪拜3号机场，导游接机。午餐后前往号称"六星级酒店"的亚特兰蒂斯酒店办理入住。下午在酒店内自由活动，免费享受酒店内的水上乐园，晚餐在酒店内享用丰盛的自助餐。	餐食：中式午餐 交通：— 住宿：六星级亚特兰蒂斯酒店
第二天 迪拜—阿布扎比	酒店早餐后，退房，乘坐单程轻轨列车一览棕榈岛全景，参观迪拜博物馆、香料市场、黄金街。午餐后，开车前往阿布扎比，途中可参观阿布扎比最大的清真寺（外观，如超过11点则不开放，如周五则不开放）。到达后参观美丽的阿布扎比城市美景，参观酋长家谱博物馆、人工岛。然后前往八星级皇宫酒店办理入住，晚餐在酒店内享用自助餐。	餐食：酒店自助早餐 交通：— 住宿：八星级皇宫酒店
第三天 阿布扎比—迪拜	酒店早餐后，上午在酒店内享用豪华的酒店设施，11点左右退房，前往迪拜享用午餐（中式午餐）。下午2点前往七星级帆船酒店办理入住，下午4点参加沙漠冲沙活动：四轮驱动越野车将带您前往沙漠深处，体验惊险刺激的沙漠之旅。傍晚到达沙漠营地后，还可自由活动：或可骑骆驼，或可文身——文一只可爱的小动物于手臂上（可洗掉）。男人们则可尝尝中东的水烟。晚餐于营地中享用自助餐。活动在舞娘的翩翩起舞中达到高潮。	餐食：酒店自助早餐 交通：— 住宿：七星级帆船酒店
第四天 迪拜	酒店早餐后，上午在酒店旁的Jumeirah集团的水上乐园一起游玩，体验惊险刺激的高空直下的滑水项目等。约11点退房，并在七星级酒店享用Junsui餐厅的自助午餐。下午前往迪拜皇宫外参观，有可能看到孔雀开屏。参观世界最高楼，并登塔一览迪拜全景。参观迪拜最大的商场——DUBAI MALL，各种商品应有尽有。傍晚等待观看世界最大的喷泉喷放的壮丽景观，并拍照留念。晚餐后送机。	餐食：酒店自助早餐 交通：— 住宿：—
第五天 迪拜—北京	搭乘阿联酋国际航班返回北京，结束愉快的旅程。	

报价包含

1. 酒店：3晚五星级酒店（包括五星级以上酒店）入住。
2. 交通：全程空调车陪同，司机兼导游，机场接送。（此团无领队）
3. 导游：全程优秀中文导游陪同，迪拜机场接送。
4. 就餐：早餐为酒店自助，行程中规定的中餐（2顿）；1顿八星级皇宫酒店自助晚餐；1顿七星级Junsui餐厅自助午餐；1顿冲沙自助晚餐；1顿海鲜自助火锅餐。
5. 门票：博物馆门票。
6. 其他：每人每天2瓶矿泉水。
7. 冲沙。
8. 普通旅游电子签证。
9. 旅客往返机票经济舱。
10. 全程司机、导游小费。

报价不含

酒店房间内个人消费，如电话、上网、洗衣、mini吧等，当地个人不随团外出交通费，个人在当地出现的意外伤害救治费，以及附件行程中未列明旅游景点项目费用等。

中旅总社的迪拜旅游线路产品的特色有以下几点。

① 选取最佳的飞行时刻，甄选阿联酋航空公司舒适宽体客机，往返直达。把旅途疲劳抛在脑后，让旅游者精力充沛地去享受海风、灿烂阳光和金色沙漠。

② 超级豪华体验，享受中东美食，特别安排了自助海鲜火锅大餐；七星级Junsui自助午餐；八星级皇宫酒店自助晚餐，感受王者盛宴。

③ 入住世界闻名的亚特兰蒂斯酒店、八星级皇宫酒店、七星级帆船酒店三家豪华酒店感受极致奢华。

旅游线路评析。

1. 优点

① 细分市场明确。王者之旅，定位在高端旅游消费者。

② 主题鲜明。体验中东美食文化。

③ 旅游线路设计合理。包含了当地比较知名的景点。

④ 娱乐项目多，并且有一定自由活动时间。

2. 缺点

价位高，受众面窄；娱乐项目过多，沙漠冲沙活动不适合老年群体，而老年群体中有经济实力且有空闲时间的人群是很重要的消费群体；无儿童票，排除了亲子家庭出游的旅游者。

项目实训

请阅读以下旅游线路行程，分析旅游线路设计的特色和存在的问题。

北京成团 A1（纯玩）

桂林＋大漓江＋阳朔＋王城　独秀峰＋一江四湖＋刘三姐大观园（双飞四日）

☆超值赠送：价值120元的以刘三姐文化为主题的"刘三姐大观园"游览项目或赠送民族风情歌舞表演《歌仙·刘三姐》

日程	餐	行程安排	住宿
第一天	晚	北京—桂林　飞行约2时45分钟　波音737　（根据当天团队航班待定） 参考航班：CA1311/07：15　HU7215/09：10　CZ3282/11：55　CZ3288/22：10 抵达桂林两江国际机场，举客人名字接站。安排入住酒店。 下午无统一行程,若抵达桂林时间尚早，您可稍事休息后自行前往参观中心广场旁的正阳路步行街，逛夜市品尝正宗的桂林小吃(桂林米粉、恭城油茶、红薯粉、艾叶粑粑等)，感觉一下不一样的民俗风情。 晚上赠送参观游览"刘三姐大观园"（约90分钟）。大观园内有电影《刘三姐》主要镜头画面的修复再现，游客们既能观赏刘三姐对歌台上楚楚动人的壮家少女的歌舞表演，还能亲自体验广西壮、侗、苗、瑶等民族的民俗风情、生活情趣。同时还能观赏到极罕见的夜景：壮观的大水幕，五彩缤纷的喷泉，让游客一饱眼福。或赠送同等价值的大型壮乡民族风情歌舞表演——《歌仙·刘三姐》（70分钟）。亲身感受"桂林山水甲天下，千年传唱刘三姐"。这里是电影《刘三姐》的明星大家庭，有机会还可以与"刘三姐"零距离接触。	桂林

项目二　旅行社产品开发设计

续表

日程	餐	行程安排	住宿
第二天	早中晚	桂林—阳朔 早餐后,乘车赴磨盘山码头(约50分钟)乘船游览国家5A级旅游景区"百里画廊"——大漓江美景(4小时):杨堤烟雨、鲤鱼挂壁、浪石仙境、童子观音、九马画山、黄布倒影、兴坪佳境等(船餐盒饭),领略风景怡人的大自然秀丽景观,静静体会"船在水上行,人在画中游"的美妙感觉;在码头下船后,抵达中国洋人街——阳朔西街(约40分钟)。逛阳朔工艺品一条街,自由闲逛极具欧洲风情的阳朔西街,特色美食、各色奇特酒吧等绝对让你乐在其中,感受中外游客与当地百姓和谐交融的气氛,一起吃、唱、玩、乐……这将会是你最难忘的阳朔之旅。下午时间自由活动。	阳朔
第三天	早中/	阳朔—桂林(60公里 BUS 1.2小时) 早餐后,乘坐大巴返回桂林,乘船游览桂林环城水系【一江四湖】(约70分钟):一江指漓江,乘船游览桂林城徽上的图案——象鼻山。象鼻山地处市中心的漓江与桃花江汇流处,它酷似一头在江边饮水的大象,栩栩如生,引人入胜,被称为桂林山水的象征、漓江的守护神。伏波山濒临漓江,孤峰雄峙,有"伏波胜境"之誉。游览桂林江山汇景之地,如叠彩山等桂林市内十大名山。四湖是指榕湖、杉湖、桂湖、木龙湖。漓江两岸芳草缤纷,座座新桥,景趣相融,楼亭台榭,错落有致,体验"城在景中,景在城中"的山水城格局。观赏榕湖春晓、古南门、古榕、黄庭坚系舟处等美景。游览被誉为"南方小故宫"的龙脉福地——国家5A级景区——独秀峰·王城景区(100分钟),参观三元及第坊,千年古穴——太平岩,恭拜甲子星宿保护神像,欣赏傩舞表演,探访名句"桂林山水甲天下"之出处地,观摩独秀峰上的摩崖石刻。	桂林
第四天	早	桂林—北京　飞行约2时45分钟　波音737 (根据当天团队航班定) 参考航班　CZ3281/08:00 CA1312/11:30 HU7216/15:00 CZ3287/17:55 CA1226/21:05 早餐后,自由活动,根据航班时间安排乘机返京!结束愉快的山水之旅,回到温馨的家!	—
友情提示			
产品说明		(1)北京成团的客人都从北京出发,属于北京客人散客拼团接待服务。 (2)北京客人乘飞机或火车出发,在桂林当地集中后成团旅游;在桂林集合后统一时间开始游览;因客人抵离的交通方式、时间多少有差异,或交通有晚点情况,会有自由活动安排或等待的过程,导游会合理安排。此种情况请您预知、理解。 (3)在征得游客同意后,在不减少游览景点及游览时间的前提下,在合理范围内适当调整游览景点的游览顺序;特色餐根据实际情况调整日期。此情况请您理解及配合!	
住宿		全程入住旅游酒店双人标准间(独立卫生间、单冷空调、热水、电视)。 桂林参考酒店:安琪大酒店、金岛大酒店、润丰商务酒店、电信大酒店等同级。 阳朔参考酒店:乔丽大饭店、汇景阁酒店、乐逸商务酒店、彩虹酒店、带缘酒店等同级。 我社不提供自然单间,产生单房差须由客人现付,全程单房差150元。(入住酒店,请每位客人出示本人有效证件及交付一定房间押金,待退房时,酒店告之房间正常,会如数退还押金。按酒店惯例,中午12:00前退房,请客人安排好时间!)	
用餐		全程2早餐4正餐(漓江中餐为盒饭)。房费已含早餐,早餐5元/人;正餐:餐标15元/人!不含酒水、围桌形式!(11~12人/桌:正餐九菜一汤;9~10人/桌:正餐八菜一汤;6~8人/桌:正餐六菜一汤;6人以下:无法开团餐,餐费按标准现退)为保证餐饮质量,在维持餐标不变、保证菜品的情况下,餐厅可根据实际人数酌情增加或减少菜品数量! 团餐退费情况说明:①团餐不合您胃口或不想用团餐,请至少提前一天提出。②当地特殊情况无法开团餐,餐费现退! 所有餐食如自动放弃,则费用不退。	

续表

	友情提示
用车	当地空调旅游大巴,根据实际人数调配车型(11～55 座),确保每人 1 正座。城市区间交通为当地旅游散客大巴!
门票	以上所列景点首道门票。 团队折扣价:一江四湖 35 元、"刘三姐大观园"或《歌仙·刘三姐》20 元、大漓江船票 190 元、独秀峰·王城 35 元)。
儿童	12 岁以下儿童只含机票、成人正餐半餐(酒店不含儿童早餐)、车位,不含床位,如产生其他费用由家长现付。
导服	优秀中文导游服务。(当地落地散客拼团旅游,接/送、游览期间不保证是同一导游和司机服务,请谅解!)
保险	已含旅行社责任险,不含旅游人身意外保险。(请您积极购买意外保险,如出现意外由保险公司赔付)
大交通	北京—桂林、桂林—北京往返交通飞机(含机场建设费及燃油加价)团队特价票一经出票,不得签转更改、退票、换人。
购物店	全程纯玩不进购物店,不推自费景点。(不含景区内设立的景中店;独秀峰·王城的太平岩、日月双塔的祈福)
不含费用	(1)旅游意外伤害保险及航空意外险。(建议旅游者购买) (2)自费选择项目:自由活动期间的餐食费和交通费。 (3)个人消费。(如酒店内洗衣、电话及未提到的其他服务) (4)中国境内机场(车站)接送;行李物品托管或超重费。 (5)酒店押金,单间差或加床费用。 (6)因交通延误、取消等意外事件或战争、罢工、自然灾害等不可抗力导致的额外费。 (7)因旅游者违约、自身过错、自身疾病导致的人身财产损失而额外支付的费用。 (8)"旅游费用包含"内容以外的所有费用。
自费说明	购物及自费说明: (1)本行程我社不安排进购物店,您在非补充协议场所(可能包括在景点、用餐地、休息地、路边、自由活动时间其他地点等)购买或食用商品,敬请自行甄别,我社不承担任何责任。 (2)本行程我社不推荐自费景点,如客人在自由活动期间跟非我社导游(可能包含无资质野导)参加自费景点或客人自行前往自费景点,我社不承担任何责任。 (3)本行程未包括您可能要求的购物内容和可能为满足个性要求的自费项目,您若有购物或参加自费项目的要求,须与我方另行签订补充协议。 (4)如双方在出团前未就购物和自费项目达成协商一致的协议,您若在团队行程中临时决定参与购物或自费项目(包括自愿取消),您须与本团领队或导游履行签字认可。

复习思考题

1. 旅行社产品和旅游线路产品的区别是什么?
2. 旅行社产品的类型有哪些?
3. 简述旅游线路设计的原则。
4. 列举旅游线路设计的方法。
5. 简述旅游线路设计的流程。

项目三

旅行社计调业务

项目目标

知识目标：了解旅行社计调业务的特点；熟悉计调部门的岗位职责；理解旅游采购服务的含义；明确旅游采购服务的内容；掌握旅行社计调业务流程。

能力目标：能够填写计调业务中的相关文书；能够编制旅行社接待计划和日程安排表；能够对旅游团运作中的常见问题进行处理。

素质目标：培养和各部门沟通协作意识；培养专注、细心的服务意识。

任务一

计调业务认知

任务引入

某旅行社想要扩充计调部门，请你帮其拟定计调人员的招聘启事。

任务分析

在旅行社经营业务中，外联销售部、计调部、接待部构成了旅行社具体操作的业务部门。其中计调部起着联系各方的作用，是旅行社业务中重要组成部分，在从事国际旅游业务的旅行社中通常称之为 OP（operator）。作为计调人员，需要理解计调的概念、作用，明确计调岗位职责和素质要求。

相关知识

一、旅行社计调业务的概念

计调，即计划与调度，是旅行社完成地接，落实发团计划的总调度。

计调业务有广义和狭义之分。

广义上讲，旅行社的旅行社的计调业务既包括计调部门为业务决策而进行的市场调研、信息提供、统计分析、计划编制等参谋性的工作，又包括为实现计划目标而进行的统筹安排、协调联络、组织落实、业务签约、检查监督等业务性工作。

狭义上讲，旅行社的计调业务主要是指旅行社为旅游团安排各种旅游活动所进行的各种具体工作，包括落实团队食、住、行、游、购、娱等事宜，选择旅游合作伙伴，委派导游，编制和下发旅游接待计划、旅游预算单，以及为确保这些服务而与其他旅游企业或有关行业、部门建立合作关系等。

在旅行社实际操作中，计调分为组团计调、地接计调（内外宾）和出境计调；根据职责范围，计调分为大 OP（计调经理）和小 OP（专线计调）。

二、旅行社计调的作用

（一）计调是旅行社整体运作的中枢环节

在旅游行业中，计调人员的角色犹如饭店厨师一样，担负着"做菜"的职责。其素质与水平的高低，直接决定旅游行程的服务质量的高低，决定着旅行社所做的每道"菜"是否符合旅游者的"口味"。因此，计调是旅行社整体运作的中枢环节，是旅游行程中的"命脉"。

（二）计调是控制旅行社产品成本的重要部门

旅游产品的成本通常表现为各旅游供应商提供的机（车）位、客房、餐饮、门票等的价格，计调部门在进行采购时，应尽量争取获得最优惠的价格，以降低旅游产品的总成本。旅游产品成本的降低，保证了旅行社在激烈的市场竞争中获得更多的市场份额。

（三）计调是旅行社旅游服务的幕后操作者

导游在外带团，与旅行社唯一的联系途径就是计调。旅行社通过计调对旅游团队的活动情况进行跟踪、了解，对导游的服务进行监管，包括旅游者在旅游过程中发生突发事件代表旅行社进行及时应变处理。因此，计调是旅行社旅游服务的幕后操作者。

三、旅行社计调业务的特点

（一）复杂性

计调业务涉及采购、接待、票务、交通及食宿安排等工作，从编制出团计划到旅游团接待工作，都与计调人员发生关系。涉及的范围广泛，几乎与所有的旅游接待部门都有业务联系。

（二）多变性

在旅游活动中，存在着一定的不可确定性。如旅游团人数、交通、住宿等都有可能发生变化。这些方面"牵一发而动全身"，影响到计调人员的几乎所有工作，给计调工作带来许多不确定性。

（三）灵活性

计调工作的多变性决定了计调工作的灵活性。计调人员需要在旅游活动发生不可确定的变化之后，及时作出反应，并进行处理。如因交通票据紧张、与其他旅行社竞争、为了满足旅游者需求而改变行程线路等。

四、计调部门的岗位职责

（一）收集信息

收集整理旅游业的信息；收集整理旅行社同行的信息；收集整理旅游合作单位信息；收集整理旅游团队的反馈信息；将汇编的信息发给有关部门，并编号存档；向旅行社决策层提供信息及分析报告。

（二）计划统计

承接并向有关部门及人员分发旅游团的接待计划；承接并落实各地旅行社发来的接待计划；编写旅行社年度业务计划；统计旅行社旅游业务月、季报表，编写接待人数月、季报告；向旅行社决策部门、财务部门提供旅游团流量、住房、交通等方面的业务统计及分析报告。

（三）衔接沟通

选择和对比行业合作伙伴，对外报价和接受报价；传达并反馈信息，向上级主管提供各种资料，协调与相关部门的关系；做好值班记录和电话记录，及时准确转达与知会；了解掌握旅行社接待计划，包括团队编号、人数、服务等级、抵离日期、下一站城市、航班或车次时间、导游等；掌握旅游团队实时变化，如取消、新增、更改情况，并及时通知合作伙伴做好接待调整工作。

（四）旅游采购

① 订票。主要负责旅游者（团队）的各种交通票据（火车票、飞机票、汽车票、游船票等）及景区门票的预订、验证和购买等事宜；负责与合作单位做好旅游者（团队）票务方面的财务结算工作。

② 订房。主要负责旅游者（团队）的各种订房业务，包括洽谈房价、预订

住房、预订房变更或取消;协助接待和财务部门做好旅游者(团队)的财务核算和结算工作。

③ 订餐。主要负责旅游者(团队)的各种订餐业务,包括和餐馆洽谈,签订协议书;根据接待计划,为旅游者(团队)订餐,做好有关变更或取消工作;协助接待和财务部门做好用餐核算和结算工作。

④ 订车。主要负责旅游者(团队)的各种订车业务,包括与运输公司和车队拟定合作协议;根据接待计划,为旅游者(团队)订车,做好有关变更或取消工作;协助接待和财务部门做好旅游者(团队)用车财务核算和结算工作。

(五) 内勤内务

计调部门的各种内勤内务,包括安排旅游者(团队)特殊的参观、拜访、会见等;负责安排宴请、自助餐会、大型招待会;为旅游者(团)预订文艺节目票;做好本部门各种文件的存档和交接班日志等。

五、计调人员的素质要求

从外联销售部门接下任务后,计调人员开始操作,进行用车的调配、行程的安排、饭店的落实、票务的预订、景点的确认等,然后交给接待部门执行。计调人员的素质,是影响旅行社经营运作的重要因素。一个管理规范、运行良好的旅行社,对计调人员的素质提出以下要求。

(一) 责任心

计调工作琐碎,事无巨细,没有极强的责任心与认真细致的工作态度,是无法把这份工作做好的。如果一个环节出现疏忽,就会造成严重后果。同时,对于重大问题,严格执行请示汇报制度,经批准后再进行处理,不可擅自决定。

(二) 业务熟练

计调工作综合性强,要求计调人员应熟练使用电脑、手机软件等,具备一定的地理和历史知识、文案写作、计算能力等,必须掌握与旅游合作单位的谈判技巧及票务运作实务。

(三) 协调沟通能力

计调工作需要同各方协作,既要同旅游合作企业建立友好关系,也要同旅行社其他部门保持良好的沟通。因此,要求计调人员必须具备较强的协作意识,善于与各部门、各单位进行合作,善于与他人沟通和交往,以便赢得各方的配合和支持。

(四) 市场意识

计调工作要紧跟市场需求，不断进行工作创新。计调人员要随时关注了解旅游市场、旅游目的地的变化、接待单位的实力情况，及时掌握各条旅游线路的成本及报价，确保对外报价的可靠性、可行性。

任务实施

计调岗位是旅行社的重要岗位，主要职责包括：收集信息、计划统计、衔接沟通、旅游采购、内勤内务等工作。工作复杂、多变，综合性强。拟定招聘启事，主要包括以下事项：计调岗位职责、计调人员素质要求、其他要求（学历、行业经验等）、联系方式等。

任务二
旅游采购服务

任务引入

假如你是旅行社的计调岗位专员，部门经理安排你负责某团队食、住、行、游、购、娱等相关产品采购工作，你应如何采购？

任务分析

为保证所需旅游服务的供给，计调人员必须选择与其合作的食、住、行、游、购、娱等相关旅游企业及部门进行洽谈，签订采购合同或协议书。在旅游计划发生变化的情况下，要积极处理变更后的采购。

相关知识

一、旅游采购服务的含义

旅游采购服务，是计调最基本的业务。旅行社是一种旅游中介组织，除了少数如导游服务等项目由旅行社直接提供以外，其余的多数服务项目均购自其他旅游服务部门或行业。旅游采购服务是旅行社通过合同或协议形式，以一定价格，向其他旅游服务企业及相关部门定购的行为。旅行活动涉及食、住、行、游、购、娱等方面，酒店、餐馆、航空、铁路、车船公司、景点及娱乐场所等也就成为旅行社的采购对象。

二、旅游采购服务的内容

（一）采购交通服务

旅游活动是一种异地迁移活动，从常驻地到旅游目的地、目的地的逗留以及旅游活动期间各地之间的往返，都需要交通工具来承担旅游者的空间位移任务。因此，旅行社必须同包括航空公司、铁路公司、轮船公司、汽车公司在内的交通部门建立密切的合作关系。要争取到有关交通部门的代理资格，以便顺利采购到所需的交通服务。事实上，交通部门为了获得稳定的客源，也非常愿意同旅行社合作。交通服务的采购主要包括以下几种。

1. 采购航空服务

航空服务的主要优点是安全、快速和舒适。一般而言，旅行社选择航空公司主要考虑以下因素。

① 机票折扣是否具有竞争力。

② 机位数量是否能够满足需要。

③ 与旅行社的配合程度是否密切。

④ 航班线路是否有更多选择。

⑤ 航空公司的联网是否方便。

2. 采购铁路服务

火车具有价格便宜、舒适、安全的特点，游客还可以饱览沿途风光。目前，国内旅游者多数仍选择火车作为首选出游交通工具，尤其是高铁开通后，人们的旅游方式更加方便、快捷。采购铁路服务就是按照旅游接待计划订购火车票，确保团队顺利出行。出票率、保障率是铁路服务采购时考虑的重要指标。

3. 采购水路服务

鉴于我国的实际情况，轮船不是外出旅游的主要交通工具。旅行社采购水路服务，关键是做好票务工作。如遇运力不足或不可抗力造成船次、船期、舱位等级变更，应采取应急措施。

4. 采购公路服务

一般认为，乘汽车旅游的距离不宜过长，每天最好控制在300公里（5小时）以内，否则旅游者会感觉疲劳。旅行社采购汽车服务时应考虑的因素有以下几点。

① 汽车车辆的类别、型号以及能否满足旅行社各类旅游团队的需要。

② 旅游车的车况、使用时间以及新旧状况。

③ 司机驾驶技术、年龄、驾龄等。
④ 汽车公司服务的标准化、规范化以及旅游营运资格等。
⑤ 汽车公司的协议价格是否合理，有无淡旺季的优惠。

旅行社租车协议书（简本）如下所示。

旅行社租车协议书（简本）

甲方：＿＿＿＿＿＿＿＿＿旅行社有限责任公司

乙方：车主＿＿＿＿＿＿＿驾驶员＿＿＿＿＿＿

一、甲乙双方本着遵规守法为原则，互惠互利，诚信服务为宗旨，特定此协议。

二、乙方同意甲方租赁其＿＿＿＿＿＿车＿＿＿＿＿台，车牌号为＿＿＿＿＿＿，此车允许载客人数为＿＿＿＿＿＿人。

三、本次租赁费为＿＿＿＿＿＿人民币，大写＿＿＿＿＿＿整，该车行驶中产生的费用（如过桥费、加油费、停车费等）均由乙方负责，此次包车甲方为乙方提供＿＿＿＿＿＿位司机的食宿，乙方按合同完成任务后，甲方于＿＿年＿＿月＿＿日前付清全部租车款，结算时乙方必须提供合同及全额车费发票。

四、驾驶员要按照《中华人民共和国道路交通安全法》规定的准驾车型驾驶车辆。

五、乙方承诺做到：

1.……

2.……

……

甲方：　　　　（签字）　　　　　　　　乙方：　　　　（签字）

盖章：　　　　　　　　　　　　　　　　盖章：

　　年　　月　　日　　　　　　　　　　　　年　　月　　日

（二）采购住宿服务

酒店是旅游业三大支柱之一，是旅游产品的重要组成部分。根据酒店等级，把酒店划分为一至五星级。星级越高，表示旅游饭店的档次越高。总体上，一星级：卫生；二星级：方便；三星级：舒适；四星级：豪华；五星级：豪华＋文化；白金五星级：超豪华。

计调人员应按照接待计划提出的等级要求采购住宿服务。选择酒店时应考虑以下因素。

① 酒店的地理位置与房况。

② 酒店的房价及结算方式。

③ 酒店的服务与安全。

④ 同级酒店的备份。

酒店接待协议（简本）如下所示。

酒店接待协议（简本）

甲方：_____旅行社有限责任公司　　乙方：_____酒店

根据《中华人民共和国合同法》《旅行社条例》的有关规定，双方愿在互利、友好的基础上，就甲方委托乙方接待游客住房、就餐业务中的权利、义务关系达成如下协议。

第一条：（委托办法）

……

第二条：（价格）

……

第三条：（合同履行）

……

第四条：（结算方式）

……

第五条：（合同变更违约责任）

……

本合同自签字之日起即生效，有效期为____年____月____日至____年____月____日。

甲方：　　　　（签字）　　　　　　　　乙方：　　　　（签字）

盖章：　　　　　　　　　　　　　　　　盖章：

　年　　月　　日　　　　　　　　　　　　年　　月　　日

（三）采购餐饮服务

餐饮属于旅游者基本的旅游活动之一。计调人员在选择餐馆时要认真考虑以下因素。

① 卫生条件。

② 地理位置。餐馆应尽可能靠近机场、码头、游览地、剧场等，避免因用餐的往返多花汽车交通费。

③ 菜品特色。特别注意及时把旅游者（团）的宗教信仰和个别客人的特殊要求转告餐馆，避免造成不愉快和尴尬的局面。

④ 餐厅规模。

⑤ 服务水平。

酒店用餐协议书（简本）如下所示。

酒店用餐协议书（简本）

甲方：_____酒店　　　乙方：_____旅行社

甲乙双方本着友好合作，诚信互惠的原则，经协商一致，就乙方在甲方签单用餐事宜达成以下协议。

第一条：乙方用餐招待指定在甲方时，可提前通知预定或临时安排，用餐后由乙方授权签单代表签单挂账。

第二条：凡乙方在甲方餐饮消费的签单均享受优惠_____折。

第三条：甲方应保证饭菜品质和卫生，提供满意、卫生的就餐环境。

第四条：结账方式为月结，结账时间为每月_____日之前，甲方凭借乙方上月用餐账单明细及相应发票与乙方结账。

……

本协议有效期为____年____月____日至____年____月____日。

协议一式两份，甲乙双方各执一份，经双方签字盖章后生效。

甲方：　　　　（签字）　　　　　　　　乙方：　　　　（签字）
盖章：　　　　　　　　　　　　　　　　盖章：
　年　　月　　日　　　　　　　　　　　　年　　月　　日

（四）采购景点服务

选择游览景点要考虑：交通状况、景区特色、设施设备等因素。景点服务采购的关键在于就价格和支付方式达成协议。必要时要与游览单位附属的服务部门和相关服务公司建立合作关系，签订合作协议书，以方便开展旅游团的游览和导游服务工作。

景区旅游合作协议书（简本）如下所示。

景区旅游合作协议书（简本）

甲方：_____旅游局

乙方：_____旅行社

为进一步推进地方旅游业发展，提高旅游知名度，本着互惠互利、公平公正的原则，经甲乙双方协商同意，签订如下合作协议。

一、门票价格

门市价：_____元/张。

旅行社协议价：按门市价六折优惠，即_____元/张。

二、操作办法

1. 乙方为甲方输送游客。

2. 甲方为乙方旅游团队提供景点讲解服务，如果出现接待质量投诉，由甲方负责。

……

三、结算方式：签单，旅行社实行月清；带散团，一团一清，现金结算。

本协议有效期为____年____月____日至____年____月____日。

协议一式两份，甲乙双方各执一份，经双方签字盖章后生效。

甲方：　　　　（签字）　　　　　　　　乙方：　　　　（签字）

盖章：　　　　　　　　　　　　　　　　盖章：

　年　　月　　日　　　　　　　　　　　　年　　月　　日

（五）采购购物商店

为保证旅游者购物安全，计调人员应当慎重选择购物商店，与之建立相对稳定的合作关系。选择购物商店需考虑营业资质、商品质量、商品特色等因素。

（六）采购娱乐服务

娱乐是旅游活动的六要素之一，旅游是消耗体力的活动，白天的旅游观光活动结束后，适当地安排一些晚间娱乐活动，有助于缓解疲劳。旅行社采购娱乐服务时，主要是和文艺单位就预订票、演出内容、演出时间、票价、支付方式等达成协议。

（七）采购保险服务

为了减少自然灾害等意外风险给旅游者带来的损害，旅行社在招徕、接待旅游者时，可以提醒旅游者购买旅游意外保险。国家鼓励旅行社依法取得保险代理资格，并接受保险公司的委托，为旅游者提供购买人身意外伤害保险的服务。此外，《旅行社条例》第三十八条规定，旅行社应当投保旅行社责任险。因此，旅行社与实力强、信誉好的保险公司合作，采购保险服务非常必要。

（八）采购地接服务

旅行社的旅游线路，通常有一个至多个旅游目的地。旅游产品的质量很大程度上取决于地接旅行社的接待质量。计调人员在采购时应综合考虑以下因素。

① 接待社的资质、实力、信誉。

② 接待社的报价。

③ 接待社的接待质量。

④ 接待社的结算周期。

⑤ 接待社的合作意愿。

三、旅游采购服务合同

（一）含义

合同，也叫契约，是当事人双方（或多方）为了实现某一合作目的，依法订立的有关权利、义务的协议，对当事人双方都具有法律的约束力。签订合同，是当事人为避免和正确处理可能发生的纠纷而采取的行为，目的在于确保各自经济利益的实现和不受损害。旅行社为购买各种旅游服务项目而与旅游企业或相关部门订立的各种购买契约称为旅游采购服务合同。旅行社以一定价格向其他旅游企业及部门购买相关的服务行为，是一次谈判、多次成交的业务，属于一种预约型的批发交易。谈判与成交之间既有时间间隔，又有数量差距。旅游服务采购的这种特点，使旅行社与协作部门为预防各种纠纷的发生而签订经济合同显得更加重要。

（二）基本内容

1. 合同标的

合同标的是指合同双方当事人的权利、义务所指向的事物，即合同的客体。旅游采购服务合同的标的，就是旅行社向旅游相关行业及部门购买的旅游服务，如餐饮、住宿、景点游览、交通运输等。

2. 数量和质量

由于旅游采购服务合同是预约契约，无法规定确切的购买数量，只能由买卖双方商定一个计划采购量。至于质量要求，可由双方商定一个最低限度。

3. 价格和付款方式

采购价格是旅游采购服务合同中规定的重要内容。由于价格常随着采购量的大小而变动，而合同中没有确定的采购量，因此，在合同中应确定采购量和定价的关系、合同期内可否变动及变动的条件。此外，还要规定结算方式及付款时间等。

4. 合同期限

合同期限指签订合同后开始和终止买卖行为的时间。旅游采购服务合同一般是一年一签，也有旅行社每年根据淡、旺季签两个合同。

5. 违约责任

违约责任是指当事人不履行或不完全履行所列条款应承担的责任。按照《中华人民共和国合同法》规定，违约方要承担支付违约金和赔偿金的义务。

此外，旅游活动中由于突发事件的影响，旅游计划有时会发生变更。计调部门应积极协助处理，并做出相应调整。如更改行程、取消计划重新采购等。在调整原计划时，应遵循以下原则。

① 变更最小的原则。即将计划变更所涉及的范围控制在最小限度。

② 宾客至上的原则。旅游计划是旅游活动的依据，一般不要随意更改。对于不可抗力因素引起的变故，应充分同旅游者协商，并获得他们的谅解。

③ 同级变通的原则。同级变通的原则是指变故后的服务内容应与之前的安排在级别、档次上力求一致。

任务实施

旅行社计调人员应与交通部门、住宿部门、餐饮部门、景点景区、购物商店、娱乐部门、保险公司以及相关旅行社建立协作关系，并与其签订旅游采购服务合同。旅游采购服务合同一般包括合同标的、数量和质量、价格和付款方法、合同期限、违约责任五大部分的内容。此外，计调人员对旅游计划变更给采购带来的影响应及时进行调整，力争变更最小，影响最低。

任务三
旅行社计调业务流程

任务引入

广州某旅行社接受了一批客人的委托，为他们定制组团到云南西双版纳旅游，并根据客人需求拟定了旅游行程计划书。计划书中除了常规的游览外，还按照客人的要求，安排了昆明自由活动一天。具体安排是在客人返回广州的当天，让客人乘早班航班从西双版纳飞昆明，上午10点抵达昆明，晚上8点乘坐航班飞广州。这样客人在昆明的停留时间有10个小时，可自由活动的时间有6~8个小时。客人同意旅行社的安排，双方签订了旅游合同。

旅行社计调人员根据旅游行程计划书，预定了广州—昆明、昆明—西双版纳、西双版纳—昆明、昆明—广州的四段联程机票。并跟云南的地接社联系，做好了所有工作。但是，航空公司没有确认机票的预定，回复说，预定的四段联程机票中有三段没问题，但旅行社要求日期的西双版纳飞昆明的这段，早班机机位不够，下午的航班机位数可以满足旅行社的要求，请旅行社考虑是否可以用下午的航班。

如果你是该旅行社的计调人员，请问你该怎么做？

（资料来源：王宁．旅行社经营管理［M］．北京：清华大学出版社，2014．）

任务分析

旅游计划发生变化，需要旅行社计调人员去解决。如何保证旅游活动顺利进行，避免或降低突发情况带来的影响。首先应该了解旅游接待计划，以及组团社、地接社计调业务流程，在此基础上掌握旅游计划变更的处理方法。

相关知识

一、旅游接待计划

旅游接待计划是旅行社接待旅游团的依据，是旅行社之间业务合作与业务沟通的重要内容。旅游接待计划的编制要将组团社对旅游团接待的意图及要求明确地传达给各个地接社，包括行程的安排、特殊的要求、接待注意事项等。其基本内容如下。

1. **旅游团的基本情况和要求**

① 团号、团名、组团社名称。

② 人数。

③ 类别：观光团、会议团、考察团。

④ 服务等级：豪华、标准、经济。

⑤ 地接社联系人的姓名及联络方式。

⑥ 用餐要求：应注明是否有饮食禁忌、素食或其他用餐的特殊要求。

⑦ 对全陪的要求：是否需要全陪及要求。

⑧ 对地陪的要求：语种、性别、水平等。

2. **行程安排**

① 游览日期。

② 出发城市及抵达城市。

③ 各城市间交通工具（如飞机、火车、轮船等）及抵离时间。

④ 住宿情况（饭店、火车、轮船等）。

⑤ 各地的主要参观景点、餐饮、风味、文娱活动及其他要求。

3. **游客名单**

游客名单包括游客姓名、性别、国籍、生日、护照号码（或身份证号码），用房要求（单间、双间或三人间，加床等）。

 3-1

旅游团团号

旅游团团号一般由英文或汉语拼音字母与阿拉伯数字组成。举例说明如下。

团队名称英文缩写：XYH，代表夕阳红。

预定出发日期：141115

出游目的地英文名称首字母缩写：TSMH，代表泰新马港。

出游天数：15，代表15天。

团队标准：VIP。

两个以上团队：A、B、C等。

团号："XYH 141115 TSMH 15 VIP A/B/C"

二、组团社计调业务流程

1. 策划、设计产品

计调人员根据市场行情及季节变化等，与市场策划人员共同策划、设计具有卖点和竞争力的旅游产品。

2. 向协作单位询价

计调人员就设计出的旅游产品向协作的旅游服务供应商询价，包括交通的落实与地接社的选定，将线路行程传给地接社，询问接待价格。

3. 核价、包装产品

计调人员对线路行程的整体价格进行核算、调整和包装。

4. 编制团号、制订出团计划

向地接社询价的同时编制出团计划，向行程中的各地接社发出接待计划。

5. 销售产品

产品策划整合之后，计调人员要将产品和出团计划通过媒体、外联、门市各种渠道销售出去，将计划落到实处。

6. 确定出团人数，落实交通

产品销售后，根据出团人数和交通部门落实好相关旅游交通。

7. 向地接社发传真确认最终行程及结算方式

给地接社发传真确认最终出团的行程、餐饮、住宿、标准、价格及参团游客的人数和名单、接团方式、紧急联系人姓名和电话等，约定好结算方式。如行程或团队人数有变化，须及时通知地接社，并就变更内容重新确认。

8. 等待地接社回传确认出团事项

督促地接社尽快回传确认（8～24小时），落实好团队的细节。确认重点为：机（车、船）票、用房、用车、导游、结算单等。

9. 派发客人、导游出团通知书

向客人派发出团通知书，包括团队的行程，出发时间、地点，紧急联系人姓名、电话和相关注意事项等信息。如派陪同，应交代接待计划，将确认的行程、标准、出发时间及地点、游客名单及联系电话、接团导游姓名及电话、接待社联系人及电话等信息列明，并对陪同的职责和业务要详加提示，起到团队监督作用。

10. 跟踪团队

在出团前24小时要再次与地接社落实和确认，以防疏忽和遗漏，发现问题及时补救。在团队进行过程中，跟踪团队行程中的各项食、住、行、游、购、娱等事项，处理突发情况和意外事件。

11．审核报账单据

团队行程结束，地接社一般会很快传来团队催款账单，组团计调应根据团队实际运行情况进行单据和费用的审核及结算。

12．交主管审核签字，交财务报账

团队结束一周内清账。将审核无误的单据交由主管审核、签字，并交由财务部门报账。确认无异议，财务部门按协议将团款汇给地接社。

13．团队结束归档，跟踪回访

团队结束后，计调要将所有操作传真及单据复印件留档，作为操作完毕团队资料归档。并对参团客人进行回访，建立客户档案。

14．根据产品销售情况对产品进行调整

根据产品销售情况（出团量、团队质量）对产品进行适当调整。销售好的产品继续销售，也可适当增加出团计划；销售欠佳的产品要总结原因，考虑是线路吸引力不够还是市场因素造成的；团队质量出现问题要追究责任，对合作的旅游企业也要斟酌，再选择。

三、地接社计调业务流程

1．接组团计划，向协作单位询价

当地接社接到组团社发来的预报计划传真时，接待计调要向协作单位核实和询价，包括飞机票、火车票、轮船票的时间、班次、价格，汽车公司的旅游用车、酒店、餐厅、景点等，审核并与协作单位达成协议。

2．向组团社报价

核算成本，并向组团社报价。

3．做好接团准备

当组团社发来团队确认传真后，地接社要与协作单位确认落实。

① 订房。根据团队人数、要求，以传真方式向协议酒店发送"订房通知单"，并要求对方书面确认。如遇人数变更，及时做出更改件，以传真方式向协议酒店发送，并要求对方书面确认。如遇酒店无法接待，应及时通知组团社，经同意后调整至同级酒店。

② 订车。根据人数、要求安排用车，以传真方式向协议汽车公司发送"订车计划书"并要求对方书面确认。如遇变更，及时做出更改件，以传真方式向协议汽车公司发送，并要求对方书面确认。

③ 订餐。根据团队人数、要求，以传真方式向协议餐馆发送"用餐预订单"。如遇变更，及时做出更改件，以传真方式向协议餐馆发送，并要求对方书面确认。

相关链接 3-2

订房步骤

第一,认真研究组团社发来的传真或客人的要求,弄清楚旅游者要求的住宿标准。

第二,根据旅游者的住宿要求,在已签订协议的合作酒店中选择符合要求的酒店。

第三,电话联系该酒店营销部,传真发送"订房通知单"。在"订房通知单"上准确填写订房要求,尤其是对团号、入住时间、入住标准、入住人数、房价(是否含早餐)、有无特殊要求等项目必须正确、清楚、完整地填写。

第四,注意查收酒店的回传。酒店收到旅行社的订房传真后,一般会较快地做出决定,并在旅行社发去的传真上签注相应意见,再回传给旅行社。

第五,登记存档。收到酒店的确认传真后,计调人员应立即登记,并按照发团日期顺序排列存档。若同一天有几个团队确认传真,可按收到回传的时间先后排列存档。

相关链接 3-3

订房通知单

_____酒店营销部:

请为我社预订下列团队住房,并速确认。谢谢合作!

团号:_____ 国籍:_____ 人数:_____ 抵离时间:_____

房间数:_____ 早餐:_____

注:1. 房费结算账单,请寄本社财务部。

2. 其他费用均由客人自理,本社不予承担。

3. 收到订房委托书后,请速将订房回执传回我社。

联系人:_____

年　月　日

订房回执

兹收到_____旅行社_____旅行团订房委托书,房价按_____元/间结算,已列入计划。

_____酒店　联系人:_____

年　月　日

订餐步骤

第一,计调人员应先实地查看餐馆的地点、环境、卫生设施、停车场地、单间雅座、便餐菜单和风味菜单等,并与之签订有关经济合同及协议书等。

第二,与财务部门协商印制专用的"餐饮费用结算单"。

第三,将下列有关内容整理并列表,打印分发给接待部并报审计、财务部门备案:一是签约餐饮单位的名称及电话、联系人的姓名、风味特色等;二是旅游者(团)不同等级(经济、标准、豪华)的价格,便餐、风味餐的最低标准,饮料单价等。

第四,与业务部协商,设计、印制下列订单:"用餐预订单""用餐变更通知单""用餐取消通知单"。

第五,将用餐地点、餐厅联系人姓名告知接待部门或陪同人员,以便做好接待工作。

第六,根据"餐饮费用结算单",与财务部门共同进行审核,并由财务部门定期统一向签约餐馆结账付款。

相关链接 3-5

餐饮费用结算单

收款单位:　　　　用途:　　　　日期:
旅行团名称:　　　人数:　　　　陪同签名:
项目:餐费　　　　品名:　　　　单位公章:

	客人	全陪	地陪	司机	陪餐
标准					
人数					
金额					

合计金额(大写):

本单须经陪同签名,数量必须大写,涂改无效,无公章无效。

④ 景点。以传真方式向景区发送"团队接待通知书",并要求对方书面确认。如遇变更,及时做出更改件,以传真方式发送,并要求对方书面确认。

相关链接 3-6

地接社与景点合作步骤

第一，计调部门应与旅游景点就以下内容进行洽谈，并签订协议书及经济合同书：旅游团门票购买记账事宜；门票单价；大、小车进园的单价；结账的期限。

第二，与签约单位协商印制结算用的"参观游览券"。

第三，将以下事宜整理列表，打印后分发给接待部，并报审计、财务部门备案：签约单位的名称、电话、联系人；将带团前往旅游景点的进门方向；去旅游景点的行车路线、停车地点。

相关链接 3-7

参观游览券

参观游览券存根	中国　　　　旅行社参观游览券
团名：	旅游团名称：
人数：	旅游团人数:(大写)　　佰　　拾　　个
地点：	收款单位(公章)：
陪同：	陪同姓名：
日期：	日期：　年　月　日

⑤ 交通。仔细落实并核对接待计划，向票务人员下达"订票通知单"，注明团号、人数、航班（车次）、用票时间、票别、票量等，并由经手人签字。如遇变更，及时通知票务人员。

⑥ 计划确认。逐一落实完毕后，编制接待"团队接待确认书"，加盖确认章，以传真方式发至组团社并确认组团社收到。

4．编制概算

编制团队"概算单"，注明现付费用、用途，交由主管审核后报财务部门审核，填写"借款单"，向财务部门领取借款。

5．委派导游

选择合适的导游接团，通知导游领取"接待计划"。并将各处签单、团队质量反馈单、预领的款项交给导游。

6. 全程跟踪

团队行进过程中要全程跟踪，和导游及组团计调人员保持密切联系，关注团队行程，遇到问题及时解决。

7. 结清账目

团队行程结束，通知导游凭"接待计划"、"陪同报告书"、"质量反馈单"、原始票据等及时向计调部门人员报账。计调人员审核后交给财务，向财务报账。与组团社按照合同协议结算款项。

8. 资料归档

整理该团的原始资料，月底将团队资料登记存档，以备查询。

任务实施

作为组团社，要委托其他地接社提供接待服务，必须向各地接社发出旅游团的接待计划，落实旅游交通，并在团队行进过程中进行跟踪。作为地接社，计调一般包括两方面的内容，一是旅游团活动需求设施的落实，二是旅游团运作过程中的调控，处理旅游团运行中的突发状况。上述任务中机票确认出现问题，作为组团社计调应利用日常建立的协作关系，多方联系其他航空公司，力争按原计划执行。若找不到按计划飞的机票，应及时报告组团社，并和云南地接社沟通。云南地接社计调在接到组团社预报计划后，应向协作单位逐一落实，包括往返大交通。在组团社计调的机票确认出现问题时，可以及时解决。如果组团社、地接社都无法按原计划解决西双版纳飞昆明的航班，应该通知全陪和客人及时进行沟通，改订下午航班，让客人提前做好安排，并做好客人安抚工作。总之，对于旅游团的操控，关键在于密切配合，有效沟通。

项目实训

假如你是北京某旅行社的计调人员，请拟定一份发给西安某旅行社的"关于接待北京中学生游学的接待计划"。

复习思考题

1. 如何理解计调在旅行社运作中的作用？
2. 旅行社计调业务的特点有哪些？
3. 简述旅行社计调部门的岗位职责。

4. 作为一名旅行社计调人员，应该具备哪些素质？

5. 旅游采购服务的内容包括哪些方面？

6. 旅游采购服务合同的含义？旅游采购服务合同一般包括哪些方面的内容？

7. 在旅游计划发生变更的情况下，计调人员处理应对时应该把握哪些原则？

8. 简述旅游接待计划的作用及基本内容。

9. 举例说明团号的编制方法。

项目四

旅行社接待业务

 项目目标

  知识目标：理解旅行社接待业务的内涵与特点；明确旅行社团队业务与散客业务接待流程、地陪工作流程与全陪工作流程。
  能力目标：能够按照流程操作团队和散客接待业务；具备地陪和全陪服务能力。
  素质目标：培养团队合作精神；培养主动、热情、耐心的服务意识。

任务一
团体旅游接待业务

任务引入

  "丁零零……"兰州丝绸之路旅行社的电话铃声响了起来，两声后，旅行社接待员李晓玥熟练地接了电话，原来是合作企业北京三才旅行社打来的，对方要求丝绸之路旅行社接待一个旅游团，具体事项通过传真与 E-mail 随后发来。具体传真内容如下。
  兰州丝绸之路旅行社：
  我社组织的 BJL-C-181625 一行 33 人于 2018 年 12 月 11 日乘 T75 次火车于 12 日上午 7:44 抵达兰州火车站，请按常规行程安排去敦煌、酒泉游览，并请立即预订 12 月 15 日晚上 K360 次硬卧去西安。此团系重点客户，请务必保证晚上持硬卧票离开敦煌。正式计划及游客名单随后发。谢谢合作！
  祝
  贵公司昌盛！

北京三才旅行社
计调部 张伟业
2018 年 11 月 18 日

如果你是兰州丝绸之路旅行社的接待部专员，你应该如何做？

任务分析

从案例可以看出，这是一个典型的团体旅游接待业务，应该按照团体旅游接待程序来准备旅游过程中的各项事务。

相关知识

一、旅行社接待业务

（一）旅行社接待业务的内涵

旅行社接待业务是旅行社为已经购买了旅行社产品的旅游者，提供系列实地旅游服务的一项综合性工作。

（二）旅行社接待业务的特点

1. 综合性和时效性

旅行社接待一个旅游团（者）常常要在几天或更长的时间内，由多个城市的多家旅行社，按预定程序提供相应的服务才能完成。它是一项相当复杂的工作，需要从人力、物力、财力、时间上综合考量，才可能在接待过程中少出差错。

2. 规范化和个性化

规范化即接待服务的标准化，《旅游行业对客人服务的基本标准》规定了旅游接待必须达到住宿定点、餐饮定点、购物定点，接待服务一定要按照规定的程序完成。但是旅游者因为国家（地区）、价值观念、文化背景、宗教信仰、生活习惯、个人偏好等差异，旅行社同时也要按照合理而可能的原则提供既热情又有差别的服务，因此为了保证服务质量，需提供规范化和个性化服务。

3. 文化性和趣味性

现代旅游不仅是一种度假休闲活动，而且也包含着了解异国他乡的异质文化和增长阅历的动机。旅游从文化角度来看，实质就是体验异质文化，因此要通过健康的导游内容与趣味性的导游方式两者结合来达成目的。

二、团体旅游接待业务流程

（一）旅游团体

旅游团体是指通过旅行社或旅游服务中介机构，采取支付综合服务费包价或部分包价的方式，有组织地按预定的行程计划进行旅游消费活动的9人以上旅游者群体。国际旅游团体通常配有领队、全程陪同导游人员；国内旅游团体通常配有全程陪同导游人员。

（二）旅游团体接待业务

旅游团体接待业务是指旅行社依据与旅游中间商或旅游者达成的旅游合同（协议），对旅游团体在旅游全过程中的交通、食宿、参观游览及娱乐、购物等活动进行组织、安排、落实的过程。在接待工作中，领队、全程陪同导游人员、地方陪同导游人员组成接待工作的主体，他们的任务主要是为顺利实施团体旅游计划、沟通并协调相关旅游服务各方面关系，落实好旅游者在吃、住、行、游、购、娱等方面的服务工作。为了能保质保量地完成旅游接待任务，上述三者必须以旅游者为工作对象，认真执行旅游计划，为旅游者安排好各项旅游服务为工作任务，最终使旅游者满意为工作目标，互相配合、互相尊重、互相学习、团结协作，为旅游者提供优质服务。

目前，接待团体旅游是我国大部分旅行社的主要业务。从事旅游团体接待经营业务的旅行社包括各城市或旅游景区所在地的所有接待型旅行社（地方接待社）、一部分有资格经营入境旅游业务的组团旅行社、大部分经营国内旅游业务的国内旅行社和少数有资格经营中国公民出境旅游业务的旅行社。以上旅行社根据其与旅游中间商或旅游者之间的旅游合同（协议），向旅游团体提供服务的过程是旅游者对其所购买产品的消费过程。

旅行社团体业务接待流程图见图4-1。

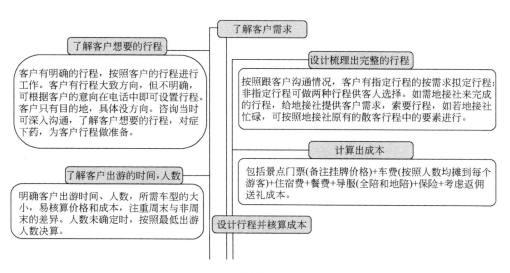

图4-1

旅行社经营管理

图 4-1 旅行社团体业务接待流程图

三、团体旅游接待服务程序

为确保旅游团体接待质量，根据导游服务质量标准要求，从工作实际出发，无论是地陪、全陪还是出境领队的接待服务过程，都可分为三个阶段，即准备阶段，实际接待阶段（迎接服务阶段、导游讲解及生活服务阶段）和善后总结阶段。

相关链接 4-1

地方导游员的接待服务程序

阶段	程　序
准备阶段	(1) 研究旅游接待计划。 (2) 安排和落实旅游活动日程。 (3) 做好知识准备和物质准备等
迎接服务阶段	(1) 出发站前，再次核实旅游团所乘交通工具抵达当地的确切时间，并通知旅行社的行李员。 (2) 在旅游团抵达当地前半小时到达接站地点，并与司机商定停车等候的位置。 (3) 当旅游团乘坐的交通工具抵达后，应持接站标志牌（旗）站立在醒目的位置，迎接旅游团的到来。 (4) 旅游团出站后，主动上前同旅游者、领队和全程导游员打招呼，进行自我介绍，向他们表示热烈欢迎。

续表

阶段	程　序
迎接服务阶段	(5) 与领队和全程导游员核实旅游团成员的实到人数和托运的行李件数,并与旅行社行李员办妥行李交接手续。 (6) 及时引导旅游者上车,协助旅游者就座,并清点人数。待全部人员到齐后,请司机发车。 (7) 致欢迎辞并进行沿途导游。在汽车行驶到旅游团预定下榻的饭店或旅馆的附近时,向旅游团介绍饭店或旅馆的概况。 (8) 旅游者下车并进入饭店或旅馆后,引导他们办理入住手续,介绍饭店或旅馆的各项服务设施及其位置和营业时间、用餐时间、就餐形式。 (9) 旅游团的行李抵达后,与行李员进行核对,协助将行李送至旅游者房间。 (10) 同旅游团领队、全程导游员一起商定旅游团在当地活动安排并及时通知每一位旅游者。 (11) 掌握领队和旅游团其他成员的房间号码,并根据旅游者的要求,安排第二天叫早服务。 (12) 带领旅游团到餐厅用好第一餐
导游讲解及生活服务阶段	(1) 在每次活动之前10分钟到达预定集合地点,督促司机做好出发前的准备工作。 (2) 旅游者上车后,应及时清点人数,向旅游者报告当日的重要新闻、天气情况、当日的活动安排和午、晚餐的就餐时间及地点。 (3) 当全部旅游者到齐后,应请司机发车,并开始介绍沿途的风景、建筑物等。 (4) 到达景点后,应介绍景点的历史背景、风格特点、地理位置和欣赏价值,并告知旅游者在景点的停留时间、集合地点和游览注意事项。 (5) 在游览过程中,应始终同旅游者在一起,注意旅游者的安ībрит,随时清点人数以防旅游者走失。 (6) 除导游讲解服务外,还必须在旅游者就餐、购物和观看文娱节目时提供相应的服务,如介绍餐馆、菜肴特色、酒水类别、餐馆设施、当地商品特色、节目内容及特点、回答旅游者的各种问题、随时解决出现的问题等。 (7) 旅游团结束在当地参观游览活动的前一天,应向有关部门确认交通票据和离站时间,准备好送站用的旅游车和行李车,与领队或全程导游员商定第二天叫早、出行李、用早餐和出发的时间,并提醒旅游者处理好离开饭店前的有关事项。 (8) 在旅游团离开饭店乘车前往飞机场(火车站、船舶码头)前,应主动协助饭店与旅游者结清有关账目,并与领队、全程导游员和接待旅行社的行李员一起清点行李,办好行李交接手续。然后招呼旅游者上车。上车后,地方导游员应清点人数,并再次提醒旅游者检查有无物品或旅行证件遗忘在房间里。 (9) 当为旅游团送站的旅游车到达飞机场(火车站、船舶码头)后,应与领队、全程导游员和接待旅行社的行李员交接行李,帮助旅游者办理行李托运手续,并将交通票据和行李托运票据移交给全程导游员、领队或旅游者。 (10) 如果旅游团乘坐国内航班(火车、轮船)离开当地前往国内其他城市或地区旅游,地方导游员须等旅游者所乘的交通工具启动后,才能离开送别地点。 (11) 如果旅游团乘坐国际航班离境,则地方导游员应在将旅游者送至海关前与旅游者告别。当旅游者进入海关后,地方导游员即可离开送别地点
善后总结阶段	(1) 送走旅游团后,应及时认真、妥善地处理旅游团在当地参观游览时遗留下的问题。 (2) 按规定处理旅游者的委托事项。 (3) 与旅行社结清账务,归还所借物品。 (4) 做好旅游团在当地活动期间的总结工作,并填写"地方陪同日志"

全程导游员的接待服务程序

阶段	程　序
准备阶段	(1)熟悉情况 ①研究旅游团的接待计划； ②熟悉旅游团的情况和旅游路线的情况； ③了解各地承担接待任务的旅行社情况； ④确定接待计划的重点和服务方向。 (2)物质准备即身份证件和旅行证件、少量现金、接团资料和物品、个人物品等。 (3)联系地陪 ①在旅游团抵达前一天，全程导游员应主动设法与负责接待的地方导游员进行联系； ②了解第一站接待工作的详细安排情况，并确定集合的地点和时间，以便在第二天准时前往旅游团抵达的地点迎接； ③如果由全程导游员兼任地方导游员，则应亲自同旅游汽车公司调度人员联系，落实接站事宜
迎接服务阶段	(1)入境旅游团的迎接服务 ①迎接旅游团，并在接到旅游团后主动与该旅游团的领队联系，了解并核实旅游团的实际到达人数、旅游团有无特殊要求和需要给予特殊关照的旅游者； ②与领队、地方导游员和接待旅行社的行李员一起清点和交接行李； ③代表旅游目的地组团旅行社和个人向旅游团致欢迎辞，做自我介绍，表达向全体旅游者提供服务的真诚愿望并预祝旅行顺利愉快； ④协助地方导游员带领旅游团乘车前往预定下榻的饭店。 在旅游团进入饭店后，全程导游员的工作主要是： ①协助旅游团领队处理入住过程中可能出现的各种问题； ②协助有关人员随时处理入住过程中可能出现的各种问题； ③与领队核对并商定旅游团的活动日程； ④掌握领队所住的房间号和电话号码，以便随时进行联系； ⑤掌握旅游团的住房分配名单； ⑥掌握饭店总服务台电话号码； ⑦同地方导游员确定在紧急情况下联系的方法。 (2)国内旅游团的迎接服务 ①进行自我介绍，并代表组团旅行社向旅游者表示欢迎； ②介绍旅游线路及线路上的主要旅游景点概况； ③介绍旅游目的地的风土人情； ④介绍旅游线路沿途各城市或地区的接待条件；

续表

阶段	程 序
迎接服务阶段	⑤介绍旅游目的地居民对外来旅游者的态度； ⑥介绍旅游者应注意的其他有关事项； ⑦向旅游团成员分发一些有关旅游目的地的资料； ⑧为旅游团分配在饭店或旅馆的住房； ⑨介绍地方导游员，并请他向旅游团介绍当地的活动日程； ⑩协助地方导游员办理旅游团入住饭店或旅馆的手续
途中服务阶段	(1)做好旅游线路上各站之间的联络，通报旅游团旅游情况和旅游者在参观游览或生活上的特殊要求。 (2)协助各站地方导游员的工作，提醒他们认真落实旅游团在当地的抵离交通工具、饭店或旅馆的入住与离店手续、旅游景点的导游讲解服务等。 (3)照顾旅游者的旅途生活，并解答旅游者提出的各种问题。 (4)注意保护旅游者的人身和财物安全，提醒旅游者保管好自己的随身物品及行李和在旅游活动中远离危险地区、物品。 (5)征求旅游者对整个旅游接待工作的意见和建议。 (6)在旅游团预定的离境口岸为入境旅游团送别，或带领国内旅游团返回原出发地，代表组团旅行社对旅游者在旅途中的合作致以谢意，并欢迎他们再度光临
结束阶段	(1)结清账目。全程导游员在回到旅行社后应立即到财务部门结清各种账目，退还在准备接待阶段所借的款项，上交在各地旅游期间向当地旅行社提交的旅游费用结算单副本，并解释在途中所发生费用的具体情况。 (2)处理遗留问题。全程导游员应协助旅行社领导处理好旅游过程中的遗留问题，认真办好旅游者的委托事项。 (3)填写"全陪日志"。全程导游员应认真、按时填写"全陪日志"，实事求是地总结接待过程中的经验和教训，详细、真实地反映旅游者的意见和建议。 (4)归还所借物品。全程导游员在返回旅行社后应及时向有关部门归还因接待旅游团所借的各种物品，如行李箱、话筒、标志牌（旗）等

 4-3

旅行社团体接待计划表

旅行社（公章）：

组团社名称及团号		来自国家、地区、城市		全陪	
地接社团号				地陪	
总人数	人	男　人	用车情况	司机：	导游借款
儿童	人	女　人			

时间	游览项目及景点	用餐	入住宾馆
第一天 月　日　时　分		早餐： 中餐： 晚餐：	
第二天 月　日　时　分		早餐： 中餐： 晚餐：	
第三天 月　日　时　分		早餐： 中餐： 晚餐：	
第四天 月　日　时　分		早餐： 中餐： 晚餐：	
第五天 月　日　时　分		早餐： 中餐： 晚餐：	
第六天 月　日　时　分		早餐： 中餐： 晚餐：	
第七天 月　日　时　分		早餐： 中餐： 晚餐：	

订票计划	飞机：
	火车：
	轮船：

| 备注 | |

签发日期：　　年　月　日　　签发人：　　导游签名：

第一联　旅行社留存

旅游行程计划书

时间	行程路线	住宿	餐饮
第一天	中午11:40在上海宾馆集合,12:00出发,全程高速公路前往与台湾隔海相望的美丽海滨城市,全国优秀旅游城市——厦门。沿途饱览秀美的山海,田园风光,中途休息两次。晚上8:00点左右到达,用餐后入住酒店休息或自由活动	天马酒店或同级	晚餐(15元/人)
第二天	早餐后出发,游览香火极为旺盛的闽南千年名寺——南普陀寺,中国最早的佛教高等教育基地(游览时间约50分钟)。自愿自费乘游船。您可以用肉眼近距离观察台湾金门列岛最前沿的军事设施、士兵及标语"三民主义统一中国"(船票自费自愿购买:126元/人,游船时间1.5~2小时)。参观百乐龙餐具(大约45分钟)。午餐后参观茶博士家,欣赏闽南茶艺表演(大约45分钟)。登上海上花园——鼓浪屿(岛上停留时间3~3.5小时),参观有20多个国家建筑风格的万国建筑群、原英国领事馆、原德国领事馆以及哥特式天主教堂。参观毓园,充分感受园中的迷人美景,可以免费品尝鼓浪屿馅饼(40分钟左右)。之后到最大的闽南风味美食广场(晚餐自费)品尝闽南风味小吃,晚餐后入住酒店休息	天马酒店或同级	早、午餐(早餐6元/人、午餐15元/人)
第三天	早餐后参观厦门博饼民俗园(国家4A级景区,游览时间约1.5小时),博饼民俗园位于海沧大桥旅游区内,园区总面积近2万平方米。它以厦门的国家级非物质文化遗产——中秋博饼活动为主要的体验内容,融合了博饼历史趣闻和闽南特有风俗,是全国首座集游览、体验、娱乐、购物为一体的博饼主题景区。游完后海滨观光(环岛路游览时间约30分钟)。环岛路依海而筑,随海岸线延展,临海见海,绿化带、沙滩、岛礁、海景得到充分展示;以及和台湾金门遥遥相对的"一国两制,统一中国"八个大字,可在旁拍照留念;感受阳光、蓝天、大海、沙滩组合为一体的迷人风光。12:00用午餐,餐后到集美学村(车程大概35分钟,游览时间约20分钟)体验百年文化氛围,参观龙舟池和被毛主席誉为"华侨旗帜、民族光辉"的陈嘉庚先生的归来堂和铜像广场。下午2:00左右返回深圳,晚上9:00左右回到温馨的家,结束美好的旅程	—	早、午餐(早餐6元/人、午餐15元/人)

团费包含:
1. 报价含往返空调旅游车费;住宿费、厦门酒店(标准双人间,按照当地三星级酒店标准修建,但未挂星);门票(全程包含行程内标明景点的首道门票);优秀导游服务费;餐费(三正餐两早餐,正餐15元/人,早餐6元/人,十人一桌,正餐八菜一汤)。
2. 12岁以下儿童不占床位,不含景点门票,含餐、车、导服,门票超高自理。
团费不包含:
不含园中园内的小门票及行程中注明自费的景点,第二天晚餐不含。
特别说明:
1. 如遇人力不可抗拒的因素(如下雨、雪天、台风、地震、塞车等)而使行程改变或时间改变或景点减少,本社负责将没有产生的门票款退还,由此产生的费用自理,本社不承担由此造成的损失及责任。
2. 如遇到人力不可抗拒的因素,当地导游有权更改行程顺序和时间,但景点不减少。(由于厦门景点较少,游览人数密度较大,为避免因此给团队造成不便,导游在客人同意的前提下会适当调整行程顺序)。
3. 若出现单男单女,且团中无同性团友拼住,则加床或补房差。

相关链接 4-5

旅游服务质量评价

是否签订旅游合同　是□　否□	
有无削减景点、压缩游览时间现象　有□　无□	
有无计划外增加游览点　有□　无□	
增加游览点是否经游客同意　是□　否□	
有无索要小费或私收回扣　有□　无□	
有无擅自终止导游活动　有□　无□	
一天中购物次数　1次□　2次□　3次或以上□	

服务态度　很好□　好□　一般□　差□	
住宿条件　很好□　好□　一般□　差□	
餐饮质量　很好□　好□　一般□　差□	
旅游购物　很好□　好□　一般□　差□	
旅游汽车服务质量　很好□　好□　一般□　差□	
导游讲解质量　很好□　好□　一般□　差□	
总体满意度　很好□　好□　一般□　差□	

是否同意增加自费项目：

游客签名：

游客代表意见：

联系电话：　　　　　　　　　　　　签名：　　　　　　年　月　日

领队(全陪)意见：

联系电话：　　　　　　　　　　　　签名：　　　　　　年　月　日

任务实施

以北京三才旅行社(组团社)发给兰州丝绸之路旅行社(地接社)为例实施旅游团接待业务。准备阶段，第一，组团旅行社编制接待计划；第二，地接社落实接待计划：交通、订房、订车、订餐、确定行程路线及其他活动安排，即制订旅游行程计划书。接待阶段，地接社提供迎接服务、导游讲解服务、生活服务，征求旅游者的意见和建议。总结阶段，地接社处理善后事宜，如处理游客转送礼品、代游客购买托运旅游商品等;填写导游工作日志表。

任务二
散客旅游接待业务

任务引入

西安西京旅行社受北京三才旅行社委托,为来自北京的一家三口提供西安旅游接待服务。请写出此项接待业务的操作程序。

任务分析

这个任务是接待家庭旅游(散客),目前家庭旅游在整个旅游活动中占有相当大的比重。散客旅游接待与团体旅游接待相比,既有共同之处,又有自身特点。

相关知识

旅行社散客旅游接待服务,是指受组团社的委托,根据双方长期协议或者临时约定,由地接社向组团社发来的散客团体提供的旅游接待服务。

一、散客旅游的特点

(一)规模小

由于散客旅游多为游客本人单独出行或与朋友、家人结伴而行,因此同团体旅游相比,人数少,规模小。对旅行社而言,接待散客旅游的批量比接待团体旅游的批量要小得多。

(二)批次多

虽然散客旅游的规模小、批量小,但是散客旅游发展迅速,采用散客旅游形式的游客人数大大超过团体游客人数。各国、各地都在积极发展散客旅游业务,为其发展提供了各种便利条件,散客旅游得到了长足的发展。旅行社在向散客提供旅游服务时,由于其批量小、总人数多的特征,从而形成了批次多的特点。

(三)变化大

由于散客的旅游经验还有待完善,在出游前对旅游计划的安排缺乏周密细致的考虑,在旅游过程中常常随时变更其旅游计划,导致更改或全部取消出发前向旅行社预定的服务项目,而要求旅行社为其预订新的服务项目。

(四)预定期短

同团体旅游相比,散客旅游的预定期比较短。因为散客旅游要求旅行社提供的不是全套旅游服务,而是一项或几项服务,有时是在出发前临时提出的,有时是在旅行过程中遇到的,他们往往要求旅行社能够在较短时间内安排或办妥有关的旅行手续,从而对旅行社的工作效率提出了更高的要求。

二、散客旅游接待类型

(一)单项委托服务

单项委托服务是指旅行社为散客提供的各种按单项计价的可供选择的服务。单项委托服务分为散客来本地旅游的委托、散客赴外地旅游的委托和散客在本地的各种单项服务委托。

相关链接 4-6

散客旅游委托书

委托项目:				委托日期: 年 月 日	
委托人名单	姓名	证件名称	证件号码	联系电话	备注
酒店	名称:			房间类型:	
	住宿天数: 年 月 日至 年 月 日 天/晚				
租车	车型: 车号: 载客人数:				
	行驶线路:				
交通客票	去程	航班号(车次):			
		时间: 年 月 日		标准:	
	返程	航班号(车次):			
		时间: 年 月 日		标准:	
签证	种类:□旅游 □商务 □其他(请注明:)			前往国家(地区):	
其他					
费用				备注	

（二）旅游咨询服务

旅游咨询服务是旅行社散客部人员向旅游者提供各种与旅游有关的信息和建议的服务。它是扩大旅行社产品销售渠道和提高经营收入的一条重要途径。旅游咨询服务业务分为电话咨询服务、信函咨询服务和人员咨询服务三种。

（三）选择性旅游服务

选择性旅游服务是指由旅行社为散客旅游者所组织的短期旅游活动，如包价旅游的可选择部分、散客的市内游览、晚间文娱活动、风味品尝、到近郊及邻近城市旅游景点的"半日游""一日游""多日游"等项目。

三、散客旅游接待服务程序

（一）接站服务

1. 服务准备

（1）熟悉接待计划

接到接团任务后，导游员应认真阅读并熟悉接待计划，了解团队情况。如：团队抵达日期、时间、人数、下榻饭店以及有无变更等。

（2）做好出发前的准备工作

导游员要在接团前做好充分的准备工作，携带齐全的工具、票证。如：导游证、旅游团标记、团旗、各类票证等。

（3）联系、确定交通工具

导游员接团前一天应及时和旅游车司机取得联系，通知具体出发的时间、地点，同时也要了解车况，提醒司机做好检查准备工作。

2. 接站服务

（1）提前到达迎候团队

导游员应提前到达交通集散地迎候游客到来，一般应提前 20 分钟到达机场；提前 30 分钟进入车站站台等候。

（2）迎接游客

游客到达后，导游员和司机要站在不同的出口，在容易让游客发现的位置举接站牌迎候，以便游客认找；导游员也可以根据掌握的游客特征询问辨认游客。确认游客以后，应主动问候，并介绍所代表的旅行社和自己的情况，对游客表示欢迎。协助游客办理有关事宜，清点行李并帮助游客提取行李和引导其上车。

如未接到应接的游客，导游员应及时询问机场（车站、码头）工作人员并与司机配合寻找游客。若确实找不到，要及时与计调部门联系，报告相关情况，核实游客到达的时间有无变化。在计调部门同意后方可离开。

（二）沿途导游服务

除与团体包价旅游团相同的导游服务外，导游应适时地推销旅行社旅游产品，询问逗留期间是否有需要旅行社代办的事宜。

（三）入住饭店服务

1. 帮助办理入住手续

抵达饭店后，导游员应及时帮助游客办理入住手续。向游客介绍饭店的服务项目和注意事项。核对行李，督促行李员将行李送到游客房间。记下游客的房间号码和游客代表的电话号码，同时告知游客自己的电话号码，以便联系。

2. 确认行程安排

① 散客的日程安排，导游员应遵循"主随客便""合理而可能"的原则，但要当好顾问。

② 导游员应主动向游客推销旅行社的产品。

③ 散客的自由活动时间较多，导游员要做好协助工作，特别要提醒安全注意事项，必要时陪同前往。

3. 确认机票

若游客将乘飞机赴下一站旅游，而游客又不需要旅行社为其提供机票时，导游员应提醒游客提前预订和确认机座；若游客需要协助确认机座时，导游员可告知其确认机票的电话号码；若游客愿将机票交与导游员帮助确认，而接待计划上又未注明需协助确认机票，导游员可向游客收取确认费，并开具证明。

导游员在帮助游客确认机票后，应向计调部门报告核实确认的航班号和离站时间。

（四）导游服务

由于游客来自不同国家、地区，彼此不相识，在习惯、语言等方面各有不同，在旅游过程中互无约束、集合困难。因此，导游员要有较强的责任心和组织协调能力，尽心尽力，多听游客意见、多提醒游客，保证游览工作安全、顺利开展。

导游员在对个体散客讲解时可采用对话形式。游览前，导游员应向其提供游览路线的合理建议，由游客自主选择。提醒游客上车时间、地点及车型、车号。

（五）送站服务

1. 服务准备

（1）熟悉送站计划

导游员接到送站计划后，应详细阅读并熟悉计划，明确游客情况（人数、姓名、下榻饭店、离站时间、航班号、车次等）；确定有无变更情况；是否与其他游客、散客、小包价旅游团合乘一辆车去机场（车站、码头）。

(2) 做好送站准备

导游员应于离站前一天与游客（散客、小包价旅游团）确认送站时间、地点。此项工作需反复联系确认，以便落实到每一位游客。另外，应准备好各类票据（机票、车票、船票）。

确认与司机会合的时间、地点、车型、车号、车况等。

如游客乘飞机离站，导游员应掌握好到达机场的时间，国内航班提前1小时到达，国际航班提前2小时到达；如乘火车应提前40分钟到达车站。

2. 到饭店接送游客

导游员应在约定时间前20分钟到达游客下榻的饭店，协助游客办理离店手续，交还房间钥匙，结清账款，清点行李，提醒游客带齐随身物品，引导游客上车，清点人数后离店。

若到达游客下榻的饭店后，未找到游客，导游员应到饭店前台了解游客是否已经离店，并与司机共同寻找，若超出约定时间20分钟仍未找到游客，要及时向旅行社有关部门报告，要求协助找寻，并保持联系。当确认确实无法找到游客时，经旅行社负责人同意后，方可离开。

若需送站的游客与住在其他饭店的游客合乘一辆车去机场（车站、码头），要严格按约定时间顺序到达各饭店。

送站途中，若遇到严重交通堵塞或其他特殊突发事件，需调整原约定时间顺序和行车路线时，导游员应及时向旅行社有关部门报告，请计调人员将时间上的变化通知各饭店的游客。

3. 到站送客

在送游客到机场（车站、码头）途中，导游员应向游客致欢送辞，询问游客在本次游览过程中的意见、建议，对服务不周的地方请游客予以谅解，并代表旅行社向游客表示感谢。

到达机场（车站、码头）后，导游员应提醒游客携带好自己的行李物品下车，并协助游客办理相关登机（车、船）手续（办理手续时应严格按照旅游计划办理）。

导游员在与游客告别前，应确认航班（车次）时间，并交接好票据，若有延误应向游客提供力所能及的帮助。

(六) 善后工作

导游员在完成散客接待工作后，应及时将有关情况反馈到旅行社有关部门，并到旅行社结清账目，处理一些遗留问题和委托事项，填写"接待零星散客登记表"。

相关链接 4-7

散客旅游合同

甲方（旅游者）：_____ 乙方（旅行社）：_____

根据《中华人民共和国合同法》以及相关法律规定，经甲乙双方平等协商，自愿签订此旅游合同。

甲方在旅游期间是否愿意拼团：同意□ 不同意□

一、旅游的线路：_____ 人数：_____ 天数：_____

二、旅游日期：_____ 出发地点：_____ 出发时间：_____

途经地：_____ 目的地：_____

结束时间：_____ 结束地：_____

三、费用总额：_____ 收据票号：_____

合同一经签订请游客支付全款，收款收据必须加盖旅行社财务专用章。

四、乘坐的旅游车型是：国产系列

五、旅游购物点是（除途中休息外，原则一天一次，每次约45分钟）：_____

六、旅游意外险：购□ 否□ 身份证号：_____

七、门票是否由旅行社代购：是□ 否□

八、由于不可抗力因素，旅行社应退还未发生的费用，减去有关部门规定退票损失费，增加费用由游客承担，旅行社应协助游客尽可能减少费用开支。任意扩大损失，由扩大方自负责任。

九、在行程中景点数量不变的情况下，由于天气、交通堵塞等原因，乙方根据实际情况机动调整游览景点的先后顺序，但必须事先明确告知游客，取得游客的认同。

十、本合同在履行中如发生争议，双方协商解决，协商不成，甲方可向签订合同所在地旅游质监所咨询、投诉。

十一、如一方违约，必须赔付对方违约金_____元。

十二、本合同一式两份，旅行社一份，游客一份，此合同原则一人一签，同一批可合签，但必须附旅游者姓名、身份证号。

甲方（游客签字）：_____ 乙方（旅行社合同专用章）：_____

联系电话：_____ 日期： 年 月 日

任务实施

此项散客旅游接待业务从游客咨询开始到游客行程结束，按照以下程序进行操作：第一，游客决定购买旅游产品前，通过各种方式如电话、上门等向组团社咨询，旅行社接待人员回答并提供旅游线路供游客选择；第二，游客确定购买旅游产品后，和组团社签订散客旅游合同；第三，组团社针对游客提出的要求，和旅游目的地的地接社进行沟通，委托地接社提供散客接待服务；第四，地接社根据委托内容，对相关旅游产品进行采购，如酒店、餐馆、景点、交通、文娱活动等；第五，地接社选派导游员，在游客到达旅游目的地后，提供食、住、行、游、购、娱等方面的服务；第六，旅游活动结束后，地接社、组团社处理善后事宜，完成款项结算。

项目五

旅行社外联销售业务

项目目标

知识目标：理解旅行社外联销售的概念和分类；了解外联销售的岗位职责及素质要求；熟悉旅行社外联销售业务洽谈与合同签订的程序；掌握旅行社门市销售的步骤。

能力目标：具备洽谈业务和签订合同的能力；能够进行旅行社门市销售操作。

素质目标：培养良好的语言表达能力和沟通意识；培养礼仪规范和热情、耐心的服务意识。

任务一

外联销售业务认知

任务引入

王芳学的是旅游管理专业，高职毕业后，经过面试来到北京三才旅行社，被安排到外联销售部门做一名业务员。外联销售部门是旅行社的一个重要部门，作为一名刚入职的新员工，要做好外联销售工作，请问王芳应该从哪些方面着手？

任务分析

外联销售业务在旅行社的诸多业务中占有重要的地位。面对激烈的市场竞争，要做好外联销售工作，应该熟悉旅行社外联销售工作的基本知识，明确岗位职责，在实践中不断学习。

相关知识

一、旅行社外联销售的概念

外联销售是整个旅行社工作中的重要环节,承担着整个旅行社信息反馈、线路研发、产品销售、市场拓展等多项任务。

具体而言,外联销售包括将收集到的客户需求反馈给旅行社,制作出符合客户或市场要求的旅游产品,并拓展市场,找到潜在客户,与客户进行业务联系、产品推介、洽谈、销售旅游产品直至达成合作意向或签订协议等。

二、旅行社外联销售的分类

一般来说,旅行社外联销售总体分为两大类:一类是旅游同业销售,另一类是直客市场销售。前者是将旅游行业内其他旅行社作为销售客户,将自己所在旅行社的优势产品推介给旅行社同行,从而完成旅游产品的销售工作,创造价值或效益。后者是将市场直客作为销售客户,将自己所在旅行社的优势产品推介给市场上的直客,从而达到销售旅游产品、创造效益的目的。

同业销售的优势就在于比直客更容易得到同行旅行社的认可,而且能较大比例地节省广告投入成本。但同业销售由于最终同行旅行社还要将产品销售给其自身客户,获取利润,故同业销售时,将旅游产品销售给同行旅行社一般利润率较低,主要以量取胜。

直客市场销售的优势就在于全部利润都由自身旅行社获得,不存在中间环节。但销售压力及广告投入较大。这就要求旅行社不断推出更有吸引力和性价比高的旅游产品来招徕客户,以新取胜。

三、旅行社外联销售的岗位特点

(一)服务性

外联销售的服务性贯穿于整个工作的始终。从收集客户需求,到将旅游产品销售给客户,再到后期的客户维护及新客户开发,每一个环节都要渗透销售人员细致入微的服务。尤其是在市场竞争日益激烈的今天,服务的好坏直接决定了竞争的成败。在硬件及价格均相当时,无形的服务就起到了举足轻重的作用。谁能抓住客户心理,谁能让客户体会到更多的被服务感,谁就赢得了竞争,获得了市场。

(二)前瞻性

外联销售人员作为旅行社业务的先行者,为了销售更多的旅游产品,招徕更多的客源，就必须事先了解市场需求，做好客户及市场的调研工作。将最新的市场热点或客户需求作为参考数据，设计出更加符合客户心理的旅游产品，从而把握市场先机，得到更大的市场收益。

外联销售人员为了更好地服务客户，往往在客户开始享受旅游产品前，就要开展很多前期的准备工作，包括为客户做好当地的天气预报、景区景点旅游的温馨提示以及接待合作旅行社的前期预报和联络工作。

（三）综合性

外联销售的综合性主要体现在工作内容和设计的工作对象上。外联销售工作过程中，涉及很多方面的工作内容，市场部分如市场调研、线路产品设计、对外宣传、潜在客户开发等；销售部分如产品销售、对外报价、草拟及签订旅游合同等；接待部分如传达客户最新需求、做好客户与接待单位的衔接工作及最大限度地为客户提供增值服务等工作。

（四）经济性

外联销售人员工作的每一个环节都会影响旅行社的收益。外联销售收集的客户需求信息可以让旅行社设计出更符合客户口味的旅游产品，从而为旅行社创收。外联销售开发的客户不但成为本次旅游产品的消费者，在外联销售的后期维护和公关下，很有可能成为下次旅游产品的消费者，让旅行社获得第二次甚至是更多的利润回报。可见，外联销售对旅行社的经营起着不可替代的作用。

四、外联销售的岗位职责

（一）提供信息

在外联销售工作开展前要做好旅游市场调查，研究国内外旅游市场的发展动态，及时向旅行社经营决策者提供通过调查和预测得出的结论，如产品质量、客户情况、发展趋势等市场信息，以便旅行社经营决策者做出正确的经营决策。

（二）设计产品

外联销售人员根据目标市场的特点，认真研究旅游者的旅游动机和消费心理，设计有吸引力的旅游产品。同时还要加强与各地接社的合作。经常与其保持联系，收集当地最新的旅游市场信息，不断更新和完善本社的旅游产品。

（三）销售产品

外联销售的核心内容就是与客户进行业务洽谈，签订旅游合同，同时负责承办国内外旅游团体或旅游中间商的委托代办业务，并且积极参加旅游展销、促销活动，做好对外旅游宣传工作，树立良好的形象，招徕更多的客源。

五、外联销售人员的素质要求

（一）熟练掌握相关知识

1. 业务知识

外联销售人员需要掌握旅游市场销售的业务知识、主要旅游产品的基本知识；了解公关关系、旅游心理学、礼仪礼节知识；掌握同行业的发展动态和信息化基础知识。

2. 政策法规知识

外联销售人员需要掌握有关旅游政策及法规，熟悉《中华人民共和国合同法》《中华人民共和国反不正当竞争法》《中华人民共和国消费者权益保护法》等法规。

（二）政治思想和职业道德

① 拥护党和国家的方针政策。
② 有强烈的责任心和事业心。
③ 遵纪守法，遵守社会公德。
④ 重法规，守信用，维护企业信誉。
⑤ 顾全大局，团结协作，热心服务，讲究效率。

（三）工作能力

1. 分析判断能力

根据旅行社上级部门领导的要求，结合市场销售业务实际情况，提出与业务有关的市场销售对策并付诸实施。

2. 创新能力

要有强烈的市场意识，根据客户需求和市场的变化，将旅游资源与旅行社业务相结合，适时推出新颖的旅游产品吸引旅游者。

3. 组织协调能力

能协调好旅游环节中的各方关系，与团队其他成员合作共同完成销售工作。

4. 语言表达能力

具有较强的业务应用文和业务报告的写作能力，有较强的口头表达能力。

（四）良好的气质和修养

外联销售人员在开展外联销售工作时，既是在推销旅游产品，也是在推销自己，推销旅行社的形象。外联销售人员应该通过良好的气质和修养，给客户留下良好的第一印象，有了好的印象，才能赢得客户的认可和支持，从而达到销售旅游产品的目的。

（五）良好的身体素质

外联销售的工作特点决定了从业人员一定要有健康的身体、充沛的精力、顽强的毅力。

枫叶旅行社外联销售部经理岗位职责

① 依据入境旅游市场发展规划和市场情况，制订年度经营计划和年度工作计划。

② 按照年度经营计划实施目标分解，运用组织、监督、检查等管理手段实施经营工作，确保完成年度经营计划。

③ 制订市场促销计划，包括到境外参展促销和组织境外旅行社人员到中国实地考察等。

④ 负责旅游团队运作的日常管理，监督检查重点旅游团队的接待工作；处理旅游团队重大意外事故、重大质量问题；决定授权范围内的对外赔偿。

⑤ 制定产品销售价格和授权签订各项业务合同。

⑥ 制定本部门规章制度，对本部门员工进行日常管理、培训、考核和激励。

⑦ 签发本部门的经营业绩报表，监督管理旅游团队应收应付款，对本部门的经营成果负责。

⑧ 协调本部门与其他各部门及社会相关单位的合作关系。

千游旅行社外联销售岗位职责

① 外联销售组团业务，包括旅游产品的计价、报价、预订，接待计划的编制、发送及变更，结算团费、催收欠款，建立客户档案等各项业务。

② 进行市场调研、客户拓展、产品开发、参展促销。

③ 旅游团队外联和接待整个流程的运作和质量控制，处理客户或旅游者投诉。

④ 旅游团队档案的建立、保存和管理。

⑤ 控制旅游团队接待的实际运行成本，提供销售业绩统计报表。

> **任务实施**

作为一名刚入职的新员工，王芳可以从以下几方面做起：一是熟悉工作环境。了解目前本部门工作人员的姓名、分管的工作内容、工作特点和特长；熟悉本部门的各种设备、设施的使用；了解外联销售部在本旅行社的地位及作用；迅速调整心态、尽快适应环境，进入角色。二是熟悉和查询外联销售部现有资料和信息。了解本社推出的比较受旅游者欢迎的旅游产品的内容、线路及特点；跟随本部门人员熟悉在外的业务活动，而他们学习，培养创新思维能力，提高人际交往能力、洽谈业务的能力，丰富对外宣传的手段。三是协助本部门工作人员做一些勤杂工作。从最基础的工作做起，循序渐进。四是善于学习和分析。养成记录工作内容和学习体会的习惯，给自己订立阶段性工作目标。五是具有良好的团队意识。不怕困难，热爱本职工作，发挥团队作用，与其他工作人员共同做好外联销售工作。

任务二
业务洽谈与合同签订

> **任务引入**

小李是北京三才旅行社的一名销售专员，近日接到一个去北京嘉茂公司洽谈的旅游业务，业务的具体内容为：嘉茂公司准备组织公司的 20 位优秀员工去九寨沟旅游。为了确保赢得这一客户，请问小李洽谈前应做好哪些准备工作？

> **任务分析**

在具体的外联销售业务中，和客户进行洽谈至关重要。业务洽谈的形式多样，尤其是现场洽谈，需要做好充足的准备，才可以促使交易快速、有效地达成。

> **相关知识**

一、业务洽谈

（一）旅行社外联销售业务的洽谈形式

1. 信函洽谈

一封信函，关系重大，一定要有问必答、及时回复、礼貌热情、书写端正、格式规范、简洁明了、态度明确,这样才能有效加强沟通和联系,使业务进展顺利。

2. 电话洽谈

电话是最有效的一种洽谈方式,也是外联销售人员与客户联系最常用、最广泛的方式。但电话只能作为一般联系之用,对于重要问题,一般不宜使用。因为电话不能留下书面凭证,容易错记、漏记,引起不必要的麻烦。所以,事先应注意拟好洽谈的提纲。

3. 现场洽谈

在洽谈前对洽谈对象的了解至关重要。了解洽谈对象,对于洽谈的内容和发展能事先做出判断。同时,在业务上能有充分的准备,如提供满足对方需求的线路编排和报价底线,这样才能促成交易。

相关链接 5-3

外联销售业务洽谈程序

组团社	客户
1. 宣传推销旅游产品 (1)将编制好的旅游产品及价格向客户做介绍。 (2)根据对方提供的线路、日程安排及要求报价。 (3)根据客的修改、补充意见修改产品,并重新报价	1. 听取旅行社旅游产品介绍 (1)根据对方的产品及价格提出购买意向。 (2)主动提出参观游览的线路及日程安排,请对方报价。 (3)对对方的推销线路提出修改、补充意见
2. 确认报价及付款方式 (1)收到对方的确认报价函后向对方提出付款条件。 (2)收到确认付款条件函后,致电表示谢意	2. 接受报价 (1)收到对方报价函,认为价格和日程均可接受后,发确认函给对方。 (2)根据对方的付款条件,双方协商好付款方式,表示谢意,并发函确认
3. 编写、下发接待计划 旅游产品交易确认后,立即按线路日程、服务等级、旅游团人数及团队要求编写接待计划,下发给旅行社相关部门着手采购和准备接待	3. 汇款 按照与对方达成的协议汇款

(二) 现场洽谈准备

1. 形象准备

① 注意仪容仪表。外联销售人员一般可着制服、西服或其他大方得体的休闲服,但是衣着不宜过分华丽,以能够体现出专业人员的气质为度。

② 注意个人卫生。在外联销售业务洽谈之前，应该检查一下自己：有口臭吗？有头皮屑吗？指甲剪了吗？耳朵边、脖子边有污垢吗？身上有异味吗？

2. 语言准备

外联销售人员应该具有较强的语言表达能力，善于表达，善于交际，说话有感染力和说服力。洽谈时应力争使自己的语言表达有效，充满魅力和魄力。

有效的语言表达要素包括以下几点。

① 适当的词汇。对旅游产品的说明应针对客户的理解水平，使用他们能接受的词汇。

② 适当的音量。声音必须大小合适，既要能让对方听见，又不能让人反感。

③ 变化的语调。声音的抑扬顿挫可以增加旅游产品介绍的生动性、趣味性，还可以强调和突出重点，带领客户一同领略产品的特色。

④ 流畅的表达。流畅的表达一方面能够增强客户对自己的信任感，另一方面也能引起客户对产品的兴趣。外联销售人员要做到表达流畅，就必须清楚此次洽谈的目的何在，事先构建好洽谈框架，并对自己所要介绍推广的产品有充分的信心，这样才能保证表达的流畅。

3. 心理准备

外联销售人员在与客户洽谈的过程中，难免会遇到一些难以预料的困难。良好的心理素质是解决这些意外困难的必要基础。面对困难，正确的态度应该是：做最好的准备，做最坏的打算。

洽谈前应从洽谈的要求可能遭拒绝、洽谈可能失败等方面做好心理准备。有了充分的心理准备，加上娴熟的业务技巧以及丰富的应对经验，就能很好地解决客户的疑问，满足客户的要求。

4. 知识准备

（1）了解旅行社

了解本旅行社的情况，是外联销售人员进行业务洽谈应掌握的最基本的知识，这样便于在洽谈时宣传旅行社，提升企业知名度。

（2）了解旅行社产品

了解旅行社产品的特色及其所能给客户带来的利益；出团期限，旅行社产品的价格，售后服务；本旅行社提供的产品与竞争对手产品的优缺点比较。只有充分了解旅行社产品，才能流畅地介绍，并获得客户信任。

（3）熟悉客户

外联销售人员要尽可能对客户的学历、经历、籍贯、年龄、个性、收入、兴趣、专长、交友关系、家庭情况、家庭背景等情况有比较全面的了解。当客户发现外联销售人员对他的情况非常了解时，能直接感觉到对方对他的重视，因而会乐于与外联销售人员洽谈，有助于形成良好的洽谈氛围。

（4）掌握销售技巧

外联销售人员应掌握推销的理论、方法。此外，外联销售人员还要了解旅游产品知识、旅游市场知识、国际时事知识、旅游休闲知识等；还应掌握有关的销售技巧。这样才能有效地为客户提供实用的信息，从而达到推动销售的目的。

（5）了解竞争对手

了解竞争对手是为了找出客户对于本企业和其他企业的认知差异，以便取长补短。旅行社产品的无形性，造成了客户选购旅游产品时的不安全感。客户很可能会关注旅行社和产品比较薄弱的地方，这时就需要外联销售人员在洽谈时客观地分析自身产品的优缺点，提出在未来发展中将做的改进工作，特别注意强调这些改进是吸收竞争对手的优点而做出的。

（三）现场洽谈过程

1. 事前预约

寻找好对应的客户以后，就应该与其进行直接交流。正式访问之前，应该事前预约，这样做容易见到有决定权的人，也表示出对客户的尊重，帮助客户节省宝贵的时间，给客户留下良好的印象，有利于进一步洽谈。

事前预约要注意两个方面：一是选择好拜访的时间。这可能会因访问对象的不同而不同，但原则上是以选择客户的空闲时间为佳。例如，拜访公司主管或经理以上午10点到11点半、下午2点半到5点较为妥当。二是选择好拜访的地点。可以是客户选择的地方或是旅行社产品的展示间，原则上要尊重对方的意见。只要是不受外界干扰的处所，都可以成为洽谈的地点。

2. 正式拜访

① 问好。拜访客户时要先问好。如果有拜访经历，则可以询问前次交往的印象如何、有何建议；对新客户要做自我介绍并送上名片，态度热情、诚恳，注意礼仪。

② 介绍产品。可用礼貌并带有技巧性的客套话拉近和客户之间的距离。对老客户，首先要感谢对方多次购买，然后送上旅行社产品和服务的资料，征求其意见；对新客户，首先应做自我介绍，并且送上旅行社产品详细的介绍资料。

介绍旅行社产品时可运用以下技巧：开始介绍的前30秒钟是关键时刻，必须迅速吸引客户的注意力，让客户对你的话题产生兴趣。事先拟订一套具有专业水准的谈判方案；在拜访中，针对潜在客户个人感兴趣的话题进行讨论，可以使气氛热烈起来；收集事实资料，同时增加与拜访目的相关的论证；在销售拜访的最后阶段，不但要确认潜在客户的需求，而且要让客户认同这些需求的确切存在。

③ 结束访问。离开受访者时，无论推销成功与否，都要采取下列行动：向客户道谢；可用郑重的态度点头、鞠躬以表示谢意；制造再次访问的机会，告之客户将会为其送来关于旅行社产品的进一步详细资料。

二、合同签订

旅行社外联销售人员与客户经过业务洽谈后，双方都有了建立业务关系的意向，愿意在互惠互让、互通有无的基础上开始商务合作，就共同关心的问题，如合作拓展市场，打开销路，旅游产品的内容、价格、付款方式和优惠条件等项目达成一致意见后，便可以签订旅游合同书，明确双方的关系，在此基础上进行业务合作。

相关链接 5-4

包价旅游合同的内容

《中华人民共和国旅游法》第五十八条第一款规定，包价旅游合同应当采用书面形式，包括下列内容：

（一）旅行社、旅游者的基本信息；
（二）旅游行程安排；
（三）旅游团成团的最低人数；
（四）交通、住宿、餐饮等旅游服务安排和标准；
（五）游览、娱乐等项目的具体内容和时间；
（六）自由活动时间安排；
（七）旅游费用及其交纳的期限和方式；
（八）违约责任和解决纠纷的方式；
（九）法律、法规规定和双方约定的其他事项。

任务实施

拜访嘉茂公司前外联销售人员应做好以下准备：了解所拜访公司客户负责人的姓名、职务、兴趣等；设计几条去九寨沟的线路，便于客户选择，包括不同交通方式，不同住宿条件，旅游大致花费情况等；电话预约，确定拜访的时间、地点；选择合适的着装，检查仪容仪表。

项目五 旅行社外联销售业务

任务三
旅行社门市销售业务

任务引入

小张在旅行社门市从事销售业务。这天下午，一位年轻女士走进门市。请问，小张如何与前来咨询的旅游者进行沟通，了解旅游者的需求？又该如何向旅游者推销旅行社产品？

任务分析

一般旅游者来旅行社咨询最先接触到的就是门市工作人员。门市工作人员将最新的旅游信息详细传递给旅游者，并得到旅游者的信任，进而把旅游产品销售给旅游者。可以说，门市服务直接影响到旅行社产品的销售及旅行社的业务发展。

相关知识

一、旅行社门市服务的作用

（一）门市是旅行社形象的代表，是对外宣传的窗口和"活广告"

许多情况下，尤其是散客旅游者，与旅行社之间首次面对面的亲密接触就源于门市，这里是旅行社给旅游者留下"第一印象"的地方。旅游者可以通过门市了解到旅行社的全部，诸如装潢、环境、人员素养和产品信息等。

门市作为旅行社与旅游者接触最频繁的部门之一，从旅游者开始踏入门市的第一步开始，所感知、享受到的接待服务的好坏就成为其评价旅行社优劣的强有力的佐证，所以门市本身就起着很重要的广告作用。

（二）优质的门市服务可以促进旅游产品的销售

优质的服务常常可以温暖人心，使人感动，在感动的瞬间可以吸引新客户在此驻足，达成购买旅游产品的协议；优质的服务也可以留住老客户，使之"再次光临"；优质的服务还可以让旅行社的美好形象"一传十，十传百"，聚集更多的旅游者，从而降低旅行社的营销成本。

（三）优质的门市服务能为旅游产品增值

旅游产品本身缺乏所有权性，在市场上同类产品比比皆是，内容也是大同小异。因此，要使本旅行社的产品与其他旅行社的产品形成差异，实现增值，门市销售人员首先要在门市接待过程中使旅游者留下美好的印象，才会使旅游者将这一份"美好的印象"延续到导游身上，乃至旅行社。因此，门市服务作为旅行社产品的第一次增值过程，起着关键性作用。

（四）优质的门市服务可以提升旅行社的核心竞争力

目前，国内的旅游市场处在"产品同质化、市场同源化、竞争价格化"的现状中，旅行社为了更好地进行促销，不得不"同中求异"。许多旅行社为了将自己的产品与其他旅行社的同类产品进行区分，打出了"相同产品比价格，相同价格比质量，相同质量比服务"的促销口号。这就说明，在日益激烈的市场竞争中，越来越多的旅行社已经充分意识到服务是旅行社之间竞争的关键。

二、门市工作人员的岗位职责和素质要求

（一）岗位工作职责

1. 介绍旅游产品

为了做好介绍旅游产品这项工作，门市工作人员必须熟悉主要旅游目的地的有关情况，包括地理、交通、气候和当地民俗等相关知识。另外，还要掌握本旅行社业务范围内的旅游产品信息。

2. 提供旅游咨询服务

门市工作人员在提供咨询服务时要做到热情接待，注意倾听旅游者的需求，运用自己所掌握的业务知识耐心解答旅游者的疑问，因势利导地推荐旅游产品，积极引导旅游者购买旅游产品。

3. 销售旅游产品

当旅游者决定购买产品时，门市工作人员要不失时机地及时为旅游者办理有关手续，并随即向旅游者介绍其他相关产品，扩大销售收入。

4. 处理各种文件

门市工作人员要认真处理业务过程中的各种文件、票据，并将这些文件归入相应的文档中妥善保存，便于查找。

（二）业务素质要求

门市销售人员，除了要求具备职业道德水准和身体健康条件之外，还应该达到以下要求。

1. 精通旅游产品知识

门市工作人员必须熟练掌握旅游产品的内容，以及获得旅游产品的时间、价格和途径。此外，还要能够准确判断各种旅游产品的质量，清楚各个产品所具有的特色，满足不同旅游者的需求。

2. 了解旅游者的需求

门市工作人员必须具备相应的旅游心理学方面的知识，同时具备良好的沟通能力，在与旅游者对话沟通的过程中抓住关键信息，发现旅游者真正的需求，做到"按需促销"。

3. 善于推销旅游产品

门市工作人员在旅游者咨询的过程中，应积极主动地向旅游者介绍本社的旅游产品，善于抓住任何机会引导旅游者购买产品，这就要求门市工作人员必须有较强的产品推销能力。

4. 具有较高的文字水平

在门市接待中，门市工作人员除了要回答旅游者提出的各种问题并给出意见和建议之外，还要填写各种表格，处理各种业务文件。因此，要求门市工作人员具有较高的文字水平。

除上述要求外，目前旅行社的电子商务平台建设也日趋完善，故门市工作人员还要具有较高的计算机操作能力。

三、旅行社门市销售的步骤

（一）询问旅游者需求

旅行社门市工作人员应通过询问，与前来咨询的旅游者进行沟通，从而了解旅游者的需求。旅游者落座后，给旅游者提供送水服务，然后询问旅游者的旅游需求。在了解旅游者的基本需求后，要耐心地给予解答。

（二）介绍旅游产品

1. 介绍内容

旅游产品方面的内容包括：①旅游产品的种类、价格；②办理单项旅游服务的手续、费用；③选择性旅游活动的内容、价格、出发日期及时间；④本地区旅游服务设施的基本概况，如饭店客房的价格、地方风味餐馆的菜肴特点及其价格、市内交通的主要运输工具种类及票价等；⑤本地区主要旅游景点的情况，如坐落地点、开放时间、主要特色、门票价格等；⑥本地区主要娱乐场所及购物商店的情况。

主要旅游目的地方面的内容包括：①主要旅游景点的名称、坐落地点、门票价格、开放时间；②主要旅游景点所在地区的饭店、旅馆、餐馆、市内交通等旅游服务设施的类型、价格；③抵离目的地的交通工具类型、价格及有关订票、行李等方面的规定；④旅游目的地国家或地区的有关法律、法规、政策，旅游目的地的民俗风情，当地居民的生活习惯、宗教信仰及其对外来旅游者的态度；⑤旅游目的地主要地接社情况。

2. 介绍技巧

① 简短扼要。要用最简要、清晰、易懂的语言与旅游者沟通。

② 理解需求。旅游者是向能够理解并满足他们的接待服务人员购买需求，所以要抓住旅游者的心理，正确理解其需求。

③ 运用图片等视觉手段介绍旅游产品。

④ 运用第三者的例子，进行类比。

⑤ 对旅游产品特色、注意事项等进行比较详尽的介绍。

3. 旅游产品出示的方法

旅游产品的出示就是在旅游者表明对某种旅游产品产生兴趣时，门市工作人员要立即取出该产品的宣传资料递给旅游者，以促使其产生联想，刺激其购买欲望。在出示旅游产品时，需要应用以下几种方法。

① 示范法。示范法就是旅游产品的展示。例如，可以让旅游者欣赏其感兴趣的旅游产品的精美图片。这是进一步激发旅游兴趣、打消旅游者疑虑的好方法。

② 感知法。感知法就是尽可能地让旅游者想象、感受、体验旅游产品，比如说通过网络信息论坛中的评论，让旅游者感知旅游产品，以消除旅游者的疑虑。根据从众心理，绝大多数游客说好的、值得去的旅游目的地，一般来说，旅游者也会认同。

③ 多种类出示法。多种类出示法适用于旅游者对具体购买某种旅游产品还不确定时，门市工作人员可出示几种行程相似或价格相近的旅游产品供其选择，但这并不是说出示的旅游产品越多越好。

4. 注意事项

（1）主动接近（攀谈）的机会

当旅游者有以下情况时，旅行社门市工作人员应主动上前提供服务：旅游者较长时间凝视某条宣传线路时；旅游者把头从青睐的线路上抬起来时；旅游者临近资料架停步用眼睛看某条线路的图片时；旅游者拿起某条线路的资料时；旅游者在资料架旁寻找某条线路时；旅游者把脸转向旅行社门市工作人员时。

以上这六大机会意味着旅游者已注意到某项旅游产品，或者希望得到旅行社门市工作人员的注意。从无意注意转到有意注意，或者从对旅游产品的注意发展到对某产品的兴趣。

（2）注意语言艺术

第一，用语礼貌。旅行社门市人员接待时讲话应客气、礼貌、谦虚、简洁、大方、善解人意、体贴对方，如"您好""请""谢谢""对不起""再见"等。如询问旅游者姓什么，可用"您贵姓"代替；为客人上茶可说"请用茶"等。这既是对旅游者的尊重，也是对自己的尊重。在工作中尽量避免说"喂！进来看！"

"有什么事吗?""您说什么?""我正忙,你自己先看看!"等语言。

第二,语气委婉。旅行社门市工作人员在接待时言辞应委婉含蓄,与旅游者说话要注意说话速度,一般是以每分钟 120~160 字为宜。与旅游者说话尽量使用最后是问句的语言,即在句尾加上"好吗""可以吗""行吗",让旅游者感觉到是在征求他的意见。对旅游者提出的问题则要明确、简洁地予以肯定的回答,绝不允许用反诘、训诫和命令的语气说话。

第三,应答及时。语言是交流的工具,如果旅游者的询问得不到及时的应答,情感得不到及时的交流,这意味着旅游者受到了冷遇。应答及时是旅行社门市工作人员工作热情、服务周到的具体体现。无论旅游者的询问有多少次、要求有多么难,门市工作人员都要及时应答,然后一一满足其需求,解决其困难,使交流畅通无阻。

第四,语音音量适度。交流时语音音量的大小,体现着语言的修养问题,也体现着旅行社门市接待人员的态度问题、感情问题。语音音量过大显得粗俗无礼,音量过小又显得小气懒怠,两者都容易引起旅游者的误解、不悦。有较高语言修养的旅行社门市工作人员任何情况下都会自然流畅地发出不高不低、不快不慢、不急不缓的适中音量,给人以亲切、礼貌的感觉。

(3)注意仪容仪表

在仪容仪表方面,男性要做到:勤理发、勤洗手、勤剪指甲,不留长发和怪异发型,不留胡须,上班前不抽烟、不喝酒、不吃带刺激性气味的食物。女性要做到:发型端庄自然,勤洗手、勤剪指甲,不涂抹色彩过于艳丽的指甲油;上班前注意口腔卫生,不吃带刺激性气味的食物。

(三)价格谈判

旅行社门市常见的旅游者价格异议有:太贵了,负担不起;手头上现金不足;价格比预期高等。针对这些异议,门市工作人员应避免直接进入价格谈判。延缓价格的讨论,把价格谈判放到最后,从产品的价值和服务以及旅行社的品牌等多方面包装,就可以大大刺激潜在旅游者的购买欲望。

当门市有多组旅游者,而且一组旅游者与门市服务人员就产品价格难以达成一致时,门市工作人员最好采取"隔离"措施,将这组旅游者带离现场,以避免感染其他旅游者。

门市工作人员要清晰地认识到,降价不是万能的,即使旅行社的产品价格再低,旅游者还是认为旅行社在赚钱;通过降低旅游产品的价格而刺激潜在旅游者购买,旅游者就会将消费愿望建立在价格上,而不是在旅行社服务和品牌上。如此一来,价格就成为产品竞争的唯一因素,而事实是,没有人能够绝对通过价格把握所有的旅游者。

（四）促成交易

客户在做决定的时候，往往害怕会做出错误的选择，甚至有可能在交款时表现出犹豫，希望"再考虑考虑"或者"回家与家人商量商量"。遇到此类情况，门市工作人员一定要有这样一种意识：促成旅游者今天买，不要相信"考虑考虑"。当旅游者表示还要"考虑考虑"时，门市工作人员的回答应该是："我相信您对这次旅游很慎重，但是我很想知道您所考虑的是什么，因为我怕我有解释不清楚和服务不周到的地方。您考虑的是我们公司的服务还是……"门市工作人员要做一个名副其实的"旅游专家"，帮助旅游者做出决定。门市工作人员一定要明确产品数量有限性、时间期限性的意义。当旅游者知道产品的数量有限或时间有限时，会担心"错过"，进而产生此时不买更待何时的急切心理。这时门市工作人员通过语言加强促销力度，就会进一步加强旅游者购买的急迫感，从而有助于销售的完成。

（五）确定购买

门市工作人员可以通过旅游者的购买信号来判断其购买意图。购买信号一般从旅游者的语言、行动、表情等几方面表露出来。旅游者常常不会直接说出其产生了购买欲望，而是通过不自觉地表露态度和潜在想法，发出一定的购买信号。当旅游者询问该项旅游产品的细节问题，如具体的航班、入住酒店的星级等细节问题时，实际上已经发送出购买的信号。讨价还价是最明显的购买信号之一。讨价还价的旅游者不一定马上就做购买的决定，但是这个明确的信号告诉门市工作人员：旅游者已经准备把旅行社的产品纳入他考虑的范围之内。另外，询问导游服务，或在门市打电话给家人朋友征求意见，或者询问付款的细节，都是旅游者要购买旅游产品的信号，也是门市工作人员推介成功的信号。

（六）送别客户

要以将再次见面的心情恭送旅游者走出门市。送客时要等旅游者起身后再站起来相送，送客时要说"预祝旅途愉快""欢迎下次光临"等礼貌用语。如果旅游者带有较多或较重物品，送别时应主动帮着提重物，直到送出门市。与旅游者在门口汽车旁告别时，要与其握手。目送旅游者上车或离开，要以真诚的态度送客，应挥手致意，待旅游者移出视线后，才可结束送别仪式。

任务实施

小张看到旅游者进门后，应主动上前迎接问候。旅游者落座后，给旅游者提供送水服务，然后询问旅游者的旅游需求。询问时，小张要询问旅游者是选择出境游还是国内游、去什么方向、去几天、几个人去、希望乘坐的交通工具以及价格定位等问题。在了解旅游者的基本需求后，提供几条相关线路供旅游者比较选择。当旅游者注意某条线路时，应简明扼要地介绍该旅游产品的亮点，以引起旅游者兴趣。介绍线路时需要直接、快速切入正题。必要时运用其他游客的例子辅助说明。推销过程中语气要委婉，态度要诚恳，给予旅游者充分的尊重。主动、大方地与旅游者建立微信联系方式，锁定旅游者方便联系。

项目实训

1. 分角色情景模拟旅行社外联销售人员现场洽谈业务。
2. 分角色情景模拟旅行社门市销售。

复习思考题

1. 旅行社外联销售业务洽谈前的准备工作有哪些？
2. 外联销售面对面洽谈要准备哪些知识？
3. 列举旅行社门市销售的步骤。
4. 旅游产品出示的方法有哪些？
5. 举例说明门市销售的语言艺术。
6. 门市销售如何通过旅游者的身体语言判断旅游者的购买意图？

项目六

旅行社综合管理

项目目标

知识目标：理解旅行社人力资源管理的含义；了解旅行社员工招聘的程序及旅行社员工培训的内容；熟悉旅行社人力资源绩效评估的原则；了解旅行社质量管理的含义及旅游质量监督部门处理旅游投诉的原则；掌握旅行社客户管理的方法。

能力目标：具备撰写招聘启事、员工培训计划的能力；具备处理旅游投诉的能力；具备为旅行社客户建立档案的能力。

素质目标：树立团队建设理念；培养质量管理和战略合作意识。

任务一

旅行社人力资源管理

任务引入

兰州丝绸之路旅行社准备3月份招聘3名专职销售、1名计调、6名导游员，并于6月底之前完成培训。如果你是该旅行社人力资源部专员，请制订一份招聘启事和新员工培训计划。

任务分析

旅行社市场竞争力的大小，最终取决于旅行社人才质量的高低。因此，加强人力资源管理，选聘满足旅行社需要的优秀员工，科学地对员工进行培训，对于保证旅行社的稳定和发展具有重要意义。

相关知识

旅行社人力资源管理，是指运用现代科学技术和管理理论，对旅行社人力资源的取得、整合、调控与开发以及保持和利用等方面所进行的一系列管理活动，以实现旅游企业的目标。它包括旅行社人力资源的招聘、选拔、录用、绩效考核、培训、提升、奖励等诸多环节，做到旅行社的人与事的匹配，个人与岗位的匹配。

一、旅行社员工招聘与选拔

（一）影响旅行社选择员工的因素

1. 外部环境因素

① 宏观经济环境。不断变化的宏观经济环境不仅直接影响旅行社的运行，而且影响旅行社对员工的选择。当经济高涨时，旅行社的市场空间相对较大，对员工的需求量增加；当经济衰退时，旅游消费市场疲软，旅行社产品滞销，导致旅行社对员工的需求量减少。

② 政策与法律环境。政策与法律环境是指国家有关劳动、人事等方面的法律法规和政策的相关规定。这些法律法规和政策对旅行社的用工制度起着指导和规范的作用，是旅行社在选择员工时必须考虑的重要因素。

③ 劳动力供给状况及劳动者的薪金期望。劳动力市场的供求状况、劳动力结构的变化以及劳动者对工作和薪金的期望，对旅行社选择员工具有重要影响。当劳动力的供给大于劳动力的需求时，旅行社选择员工的余地较大。反之，选择的余地则较小；当劳动力结构的变化有利于旅行社时，旅行社能够招聘到符合岗位标准的员工。反之，就比较困难；当劳动者对工作和薪金的期望值较低时，旅行社可以用较低的工资招聘到其所需要的员工。反之，旅行社则被迫支付较高的工资，或者减少招聘的数量。

2. 旅行社方面的因素

① 旅行社的经营目标。旅行社的经营目标是其选择员工的一个重要因素，它决定了旅行社设置哪些部门、岗位以及这些部门、岗位对员工的选择标准和招聘数量。

② 旅行社的发展战略。旅行社的发展战略决定了其对所招聘员工的潜在素质的要求，并且在一定程度上影响着旅行社招聘新员工时的考察重点。

③ 旅行社的业务性质。旅行社的业务性质在决定旅行社招聘的人才类型方面具有重要影响。经营入境旅游和出境旅游业务的国际旅行社，往往需要招聘外语程度较高的人员，而专门经营本国公民在国内旅游业务的旅行社则不需做专门要求。

④ 旅行社自身的财力资源。旅行社选择员工时，还必须根据自身的财力资源，量力而行。一般来说，财力资源相对充裕的旅行社有能力支付较高的薪酬和提供较好的工作待遇，因而能够招聘到业务能力较强和知识水平较高的人才；而

财力资源相对紧缺的旅行社则不可能承担同样的负担。

⑤旅行社的人力资源现状。旅行社在招聘员工时,必须根据其现有员工的构成和不同部门或岗位人员缺位的实际情况,制订招聘计划,进行招聘。

3. 应聘者方面的因素

① 能力因素。应聘者必须具备胜任其所应聘岗位工作任务的能力。有些旅行社在挑选员工时,过分看重应聘者的学历,而忽视其实际能力。这种做法是不恰当的,因为学历只能证明应聘者的受教育程度,而不能证明其拥有旅行社经营管理或实际业务工作所需要的全部能力。所以,旅行社在员工选用方面,应坚持学历与技能并重,适当向技能倾斜的原则。

② 性格因素。不同的工作岗位对于员工的性格有着不同的要求。例如,导游员岗位比较适合善于同别人打交道的外向型性格的人员,而财务岗位则应选择作风严谨的内向型性格人员。因此,旅行社在选择员工时,应详细了解其性格,根据其性格的优缺点合理安排其工作岗位。另外,旅行社还应根据团队性格的特点合理调整团队构成,并根据员工的性格特质为其选择良好的合作者,以便使得员工个体及旅行社整体的绩效均能够得到较好的提高。

③ 价值观因素。每个人均会有自己的价值取向,不同的价值观指导人的思维产生不同的行为。如果员工的价值观不能与企业的价值观融合,甚至不能认同企业的价值观,那么工作上、观念上的冲突将是十分激烈的。这种冲突会危及旅行社的整体利益和员工的个人利益。因此,旅行社应选择与企业有相同或相似价值观的应聘者,以增加相互之间的认同感,避免因价值观方面的差异所导致的损失。

(二) 旅行社招聘员工的程序

1. 制订用人计划

根据旅行社的经营目标、现在及未来对员工数量和质量的需求情况,制订详尽的计划,使人力资源配比更加合理,避免无谓的浪费。制订的用人计划应包括下面两方面的内容。

① 职务分析。职务分析是指旅行社人力资源部门依据旅行社的总体发展目标和经营管理活动的需要,对旅行社各个岗位的任务、责任、性质及任职人员应具备的条件进行认真的分析研究,并做出明确规定。

② 岗位要求。旅行社人力资源部门应在职务分析的基础上,用书面形式详细规定每个岗位的工作内容、职务要求及其特性,并且明确各个岗位的操作规程、标准和具体要求。

2. 开展招聘活动

根据招募人员数量及岗位要求,通过多种渠道(广告、员工推荐、教育机构选拔、中介机构介绍)招聘员工。要尽量掌握应聘人员的信息;注意考察应聘人员的心理素质和性格,招聘心理素质良好、人际交往能力强、身体健康的人员;注意旅行社各部门的年龄结构和性别比例,形成老、中、青搭配的年龄结构,男女比例合理。重要职务招聘可向社会发布广告,通过竞聘选择录用。

① 部门申请。各部门根据本部门业务活动或工作的实际需要,依据旅行社的用人计划,向人力资源部门提出书面用工申请。申请文件中必须详细而具体地说明所申请用工岗位的缺员现状、所需要招聘员工的知识结构和专业技能水平、所需招聘员工的人数。

相关链接 6-1

人员需求申请表

部门:		填表人:		填表时间:	
希望到岗时间:		人数:			
需要原因:					
职位名称:		专职( )	兼职( )	薪资等级:	
主要工作职责: 1. 2. 3.					
需求性质:永久需求( )		临时需求( )		合同约定( )	
任职资格要求:					
学历/工作经验/培训要求:					
能力素质要求:					
性格要求:					
年龄要求:					
备注(比如需要经常出差)					

② 申请审核。人力资源部门根据各部门的用人计划及相关规定,逐项审核用工部门的书面申请。审核完毕后,决定是否同意进行招聘。如果拟招聘的岗位是部门经理、副经理或业务骨干,还应上报总经理批准。

③ 进行招聘。人力资源部门根据经过审核或批准的用工申请,进行招聘。招聘途径有两种。一种是内部招聘。内部招聘是指旅行社向企业内部员工通报相关岗位用人信息,接受其他部门或岗位的员工应聘。内部招聘具有员工信息真实、有利于激励员工和招聘费用低廉的优点。但是,内部招聘有可能造成旅行社管理队伍"近亲繁殖"的现象。另一种是外部招聘。外部招聘是指旅行社向外界发布用工信息,吸引外界人员前来应聘。外部招聘具有选择范围较广、有利于队伍注入新活力,调整旅行社现有员工结构和提高员工整体素质等优点。但是,外部招聘存在着招聘成本较高,旅行社与应聘对象之间的信息不对称以及可能伤害现有员工利益的缺点。

相关链接 6-2

兰州丝绸之路旅行社招聘登记表

NO：

姓名		性别		应聘职位		照片
出生日期/年龄		民族		婚姻状况	未婚□ 已婚□ 离异□ 丧偶□	
最高学历	初中□ 高中□ 专科□ 本科□	学制		所学专业		
何时何校毕业				学历类别		
户口所在地	省　　　　市/县			是否有导游证		
身份证号码				政治面貌		身高　　　cm
现居住地址				联系电话		体重　　　kg
目前状况	在校生□　　　失业/待业□　　　兼职□　　　其他(请注明)□：					

家庭成员	称谓	姓名	工作单位	职务	电话

紧急联系办法/人		与本人关系	

社　会　关　系

姓名	性别	关系	工作单位(从事职业)	职务

注意：1. 填表人必须对表格中所有栏目根据自身情况逐项如实尽可能详细填写。
　　　2. 本表格背面尚有需填写的栏目。

(正面)

项目六　旅行社综合管理

学习和工作经历(时间由远到近,从高中学历开始填写)				
起止时间	单位名称	部　门	职　务	主要学习/工作范围
年　月至　年　月				
年　月至　年　月				
年　月至　年　月				
年　月至　年　月				

国语程度	较差□	一般□	熟练□

爱好特长	

健康状况	是否有重大疾病/手术记录？　否□　是□　病名(请注明):

薪酬要求	现月实际工资收入：　　　　元	其他说明
	期望收入(月平均)：　　　　元	

诚　信　声　明

　　本人仔细阅读了本招聘登记表的所有栏目,并根据自身情况如实进行了填报。本人承诺,所填报的所有内容,及所附证明文件,均真实有效;对于自身情况,没有刻意隐瞒或遗漏任何影响招聘录用的重大事项。
　　如果因本人提供的信息、文件和资料不实或不全,导致招聘单位做出错误的判断,由此引发的一切后果,包括法律责任,完全由本人承担。

签名：
日期：

　　我们将在收到招聘登记表后尽快给您答复,十分感谢您对本公司工作的认可和支持。无论您的申请是否被接受,本公司将承诺对登记表中的一切材料保密,仅做公司储备之用。

(背面)

3. 挑选及录用员工

① 挑选员工。旅行社在挑选员工时可采用履历表挑选和直接挑选两种方式。一种是履历表挑选。旅行社根据需要，要求应聘者提交自己的履历表以及工作意向、个人特长、学历、学位、工作经验和个人照片，并以其履历表所提供的信息，决定是否录用。为了保证应聘者提供信息的可靠性，旅行社还可以要求应聘者提供以前工作过或学习过的单位出具的介绍信和推荐信。另一种是直接挑选。旅行社通过笔试、面试，以及医学、心理学等综合检查方式，直接对应聘者进行较为深入的考察了解，并以此作为录用的依据。

② 录用员工。旅行社在经过挑选并决定录用后，应以书面形式通知被聘者。在经过被聘者的认可和接受后，双方依法签订录用合同。

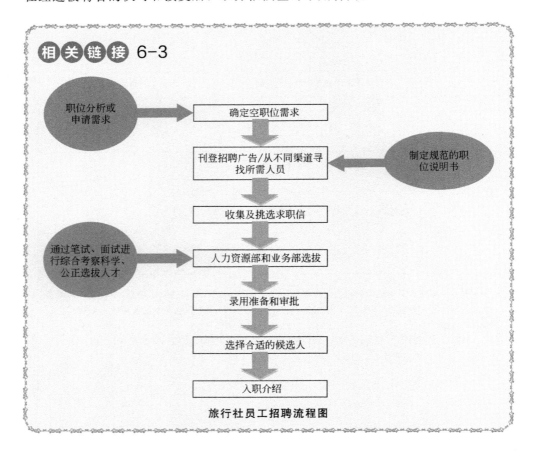

相关链接 6-3

旅行社员工招聘流程图

二、旅行社人力资源培训

人员培训，是旅行社人力资源的一项长期任务，对新、老员工都要培训。

培训的内容应以知识和技能培训为主,同时也应该进行思想观念的教育,培育自己的企业文化。培训的方法有在职培训和脱产培训等,以在职培训为主。

(一) 旅行社开展人力资源培训的意义

1. 提高旅行社的经营水平

旅行社的员工是旅行社经营活动和业务活动的主导力量。员工知识水平、业务能力和经营水平的高低,直接决定着旅行社经营管理活动的成败。因此,旅行社加强对员工的培训,必然会促进旅行社整体经营水平的提高,为旅行社的生存和发展奠定坚实的人力资源基础。

2. 培养员工的适应能力

旅行社作为一个以人力资源为主要资源的服务型企业,其员工必须具有较强的适应能力。由于业务发展和工作的需要,旅行社有时必须将员工从一个岗位转换到另一个岗位,或者将一些从事具体业务工作的员工提升到管理岗位上来。旅行社通过对员工的培训,培养员工的适应能力,使员工能够及时适应新的岗位,顺利地在新岗位上工作。

3. 挖掘员工的潜在能力

潜在能力是指蕴藏在员工身上,但尚未被管理者及员工本人所觉察到的能力。旅行社通过培训,不仅能够提高员工的经营水平、业务能力、知识水平和适应能力,而且能够有效地挖掘员工的潜在能力。一旦员工的潜在能力被挖掘,将会有效地提高员工的工作效率,为旅行社的经营和员工的自身发展带来较大的益处。

4. 增强旅行社的核心竞争力

知识经济时代,劳动者的个人智慧和知识终于从企业发展的资本意义上获得承认。旅行社作为劳动密集型企业,人力资源的质量是旅行社的重要核心竞争力。因此,旅行社加强人力资源培训,将使旅行社的核心竞争力增强,在激烈的市场竞争中脱颖而出,获得生存与发展的机会。

(二) 旅行社人力资源培训的内容

1. 职业道德培训

职业道德培训,是旅行社人力资源培训的一项重要内容,包括:①使员工了解发展旅游业的意义和旅行社在旅游业中的作用,帮助员工树立主人翁意识、职业自豪感和荣誉感;②使员工了解旅行社的经营目标、经营理念,自觉维护企业形象;③培养员工的劳动态度和敬业精神,树立良好的服务意识,增强职业感,自觉养成良好的职业道德;④增强员工的团队意识与合作精神,培养精益求精的工作作风;⑤提高员工的遵纪守法意识和道德水准,自觉地遵守国家的法律法规,遵守旅游行业的规章和本旅行社的各种规章制度,坚持诚信原则,树立正确的价值观,培养高尚的道德情操。

2. 知识培训

旅行社应顺应时代潮流,适应宏观和微观经营环境的变化,通过培训使员工掌握工作所必需的大量知识,实现旅行社人力资源的现代化和知识化。知识培训的主要内容包括:①专业知识。专业知识包括旅行社产品知识、旅行社市场知识、旅行社资本运营知识和旅游接待知识。②旅游理论知识。旅游理论知识包括旅游学知识、旅游经济学知识、旅游心理学知识、管理理论和消费者心理学知识。③相关学科知识。相关学科知识包括地理、文学、自然、科技、历史、民俗、政治、经济、社会等相关学科的知识。④政策与法律法规。包括《宪法》《旅游法》《合同法》《消费者权益保护法》《出境入境管理法》《旅行社条例》《导游人员管理条例》《旅行社条例实施细则》等。⑤其他相关知识。其他相关知识包括礼仪知识、外语知识、旅游电子商务方面的知识。

3. 能力培训

旅行社通过能力培训,使员工掌握完成本职工作所必须具备的各种能力。这些能力包括:①业务能力。业务能力是指旅行社员工为开展相关的业务工作所必须具备的能力,包括旅行社产品设计与开发能力、旅游服务采购能力、导游接待能力、公关能力、谈判沟通能力、销售能力和应付突发事件的能力。②管理能力。管理能力是指旅行社管理人员为保障企业的正常经营活动实施有效活动的能力,包括决策能力、计划能力、组织能力、协调能力、信息汇集处理能力和财务能力。③经营能力。经营能力是指旅行社为实施经营活动所应具备的能力,包括市场开拓能力、创新能力、实践能力、资本运营能力、语言运用能力和创新能力。④学习能力。学习能力是指旅行社的员工为胜任工作岗位和实现个人发展所具备的学习各种知识和技能的能力。学习能力包括严肃的治学态度、严谨的学风和理论联系实际的学习方法。

(三)旅行社人力资源的培训方式

1. 岗前培训

岗前培训,是提高旅行社员工素质的重要措施。根据旅游行业"先培训后上岗"的制度,新员工在进入旅行社之后,应接受岗前培训。岗前培训的课程有旅行社介绍、敬业精神、服务观念、服务意识、操作规范、行业知识、导游知识、外事纪律、旅行社规范、规章制度等。

2. 在职培训

在职培训,又称岗位培训,是指对具有一定业务知识和操作实践经验的员工进行有组织的集中教育，不脱产或短期脱产的培训。培训的内容基本上贯穿整个旅行社工作的过程。开展岗位培训能提高现有员工的业务素质和业务水平。

3．脱产培训

脱产培训，是指旅行社的员工离开工作岗位到有关院校或培训机构接受比较系统的专业教育。学习的内容包括语言、政策法规、旅行社业务知识、导游知识、管理知识、旅游经济学、旅游心理学、旅游市场学等知识。其特点是学习的知识比较系统、全面，对于文化层次比较低或希望提高自己学历的员工较为适合。

4．适应性培训

适应性培训，又称应用性培训或转岗培训，是指旅行社针对一些员工因工作需要，从一个岗位转向另一个岗位，工作内容完全变了，因此对转岗人员进行的培训，要求转岗的员工在短时间内掌握新的工作知识和技能。培训的方法可采用请专家上门讲课，现场观摩等。

5．专题性培训

专题性培训，是指旅行社针对员工在某些知识领域的需求，聘请有关专家或社内工作经验丰富的人员就某一个专题进行培训。培训的内容包括外国语知识、客源国（地区）的相关知识、旅游目的地国家（地区）的相关知识、旅游法律法规知识等。

甘肃飞天旅行社员工培训计划

一、培训目的和原则

（1）端正员工的工作态度：认同企业，尊敬领导，团结同事，主动工作，及时汇报工作结果。

（2）培养员工的工作能力：规范各个工作流程，以工作内容（进程）为员工考核标准。

（3）激发员工的工作动力：精神上鼓励与包容，物质上提供与业绩挂钩的薪酬福利。

二、培训内容

（一）公司介绍

目的：认识公司及同事，树立信心，产生集体归属感和荣誉感。

培训内容：同事介绍—公司发展历史及荣誉—公司架构—人员配备—晋级流程—福利待遇。

辅助措施：1．列举表现优异的公司同事代表的事迹和待遇，给新员工描绘光明前景。

2．让积极向上的同事陪同用午餐，从侧面反映公司工作氛围和良好的企业文化。

续表

布置作业：一周内与各部门同事至少聊天一次。

（二）公司行政制度培训

目的：掌握公司上下班作息制度、休假制度、财务制度。

培训内容：上下班作息制度、休假制度、财务制度。

布置作业：对制度的学习心得，新员工个人未来1年的目标和工作计划。

（三）公司办公室环境培训

目的：掌握办公室各类办公设备的使用方法，熟悉各类文件资料的摆放位子，掌握电脑基本操作方法。

培训内容：掌握 Word、Excel、PowerPoint 等办公软件的使用方法。演示使用各类办公室设备（打印机上墨、换传真纸、正反复印等），告之文件资料的摆放位子。

布置作业：要求其亲自演练一次设备使用，自行建立电脑文件夹，之后接收相关资料放入文件夹。

（四）公司线路产品培训

目的：熟悉公司各类线路产品的基本情况及产品特有的卖点。

培训内容：介绍公司产品。

辅助措施：1. 演示产品 PPT，以景点讲解为主，吸引新员工对产品的兴趣。

2. 学会利用地图学习行程编排。

3. 学习相关线路产品知识，并通过闭卷考试进行考核。

布置作业：新员工逐一上台向其他人讲解 PPT。

（五）散单操作培训

目的：使新员工能够帮助 OP 和销售处理简单问题，如订票、订车、订酒店、送签证、填签证表格或出入境卡等。

培训内容：散单操作流程，各线路操作流程，各入境表格、签证表格的填写规范。

辅助措施：1. 新员工分配给经验丰富的销售和 OP 做助理。

2. 模板的使用：提供操作流程，各类业务的模板。

布置作业：自我填写一套出入境表格，以自身资料填写签证表格。

（六）电话销售培训

目的：和客户建立联系，维护客户，销售产品。

培训内容：电话销售前的准备，电话销售流程，市场调查的常规问题，如何回答客户的常规问题。

辅助措施：1. 模拟对客电话销售，一对一互相模拟客户演练问答。

2. 背诵各类常规问题，做到脱口而出，应对自如。

布置作业：提交一篇电话自我介绍开场白。

（七）公司线路操作流程培训

目的：熟悉团队操作流程，电脑中"工作文档"的使用。

培训内容：各线路操作流程，"交接表""操作表""结算表""账单"等表格填写规范。

辅助措施：1. 流程的重要性，配以案例分析。

2. 电脑实地演示一次各类表格的使用。

续表

布置作业：将本公司原有操作团队的数据以文字形式发给新员工，让其完成各表格的填写。

（八）市场分析培训

目的：熟悉本社产品的卖点，竞争对手的产品优缺点。

培训内容：各线路行业十大批发商及其品牌，市场上主流产品的特点，本社产品的独特卖点。

辅助措施：使用表格对比不同旅行社产品的内容差别。

布置作业：获取市场上主要竞争对手的产品计划和线路行程，了解同一级别对手的销售姓名。

（九）市场开拓培训

目的：寻找潜在客户的方法。

培训内容：寻找潜在客户的方法：通过网络、交易会、同行杂志广告、已有客户的推荐以及实地拜访客户等方法寻找潜在客户。

辅助措施：举例说明各个方式的具体操作方法。

（十）出境旅游常识的附加培训

目的：扩大眼界、激活思路、丰富知识。

培训内容：中国出境旅游业的发展历史和前景、各地出境口岸、签证的种类、航空知识、旅游英语。

（十一）专题：案例分析

目的：通过各类案例，迅速积累经验。

培训内容：遇到同业低价抢团怎么办、机位紧张时如何收客、如何收款、如何处理行程中客人的投诉。

辅助措施：多人会议，鼓励讨论，分析各种处理方案导致的不同结果，当场明确最佳处理方案。

（十二）工作计划的制订

1. 每天重复做目标暗示。

2. 每周提前做拜访计划，每天严格执行计划。

3. 提早跟客户约会，增加每天拜访的次数，成功的销售一天至少给30个不同客户打电话。

4. 跟行业和公司顶尖的销售员在一起，相互学习，共同提高。

5. 每天下班前总结工作，记录对自己有帮助的案例。

思考题：1. 制定工作目标，量化自己的目标，并合理分配到每月和每周的工作中去。

2. 制定每天工作流程，按小时具体划分清楚，并严格执行。

（十三）如何与客户有效沟通，完成销售

1. 设计自己给客户的印象（销售的不是产品而是销售员本身）。

2. 建立客户信赖感。

3. 有效的产品介绍。

4. 寻找客户的购买关键点，并反复刺激关键点。

5. 分析客户不购买的三大理由。

三、旅行社人力资源绩效考核

（一）旅行社人力资源绩效的含义与特点

1. 旅行社人力资源绩效的含义

旅行社人力资源绩效，又称工作绩效，是指旅行社员工在其工作岗位上所完成的工作数量、质量及效率状况。绩效必须经过一定程序的评估，才能够生效。

2. 旅行社人力资源绩效的特点

① 多因性。多因性是指绩效的产生受到多种因素的影响。一般来说，影响绩效的主要是激励、技能、环境和机会这四项因素。

② 多维性。多维性是指绩效需要从多角度和多方面进行评估，以便全面评价员工的工作成绩。

③ 动态性。动态性是指员工的工作绩效是变化的，随着时间的推移，绩效差的可能变好，绩效好的可能变差。

（二）旅行社人力资源绩效评估的原则

1. 公开性原则

公开性原则，是指旅行社必须明确绩效评估的标准、程序并且将这些标准、程序向全体员工进行公开说明。公开性原则可以使员工对绩效评估的工作和结果产生信任感，并且能够建立评估的权威性。

2. 客观性原则

客观性原则，是指旅行社坚持实事求是，按照客观事实和评估标准对员工进行评估，不能掺入任何领导者的主观因素和个人偏见。旅行社在评估员工的绩效时，只要员工的工作表现和结果达到了旅行社规定的标准，就可以认为其是一名合格的员工。

3. 直接性原则

直接性原则，是指应当由员工的直接上级负责评估其工作绩效。这是因为，直接上级最了解员工的实际工作（成绩、能力和适应性），也最有可能反映真实情况。间接上级（上级的上级）对直接上级做出的评估结果一般不应轻易修改。当然，这并不排除间接上级在对评估结果的疑问调查清楚后，通过直接上级对评估结果进行必要的调整和修订。由员工的直接上级进行评估，能够将评估工作与日常有机地结合起来，有利于对员工的管理。

4. 反馈性原则

反馈性原则，是指绩效评估的结果一定要反馈给被评估者本人，并向其就评语进行必要的解释说明，肯定成绩和进步，指出缺点和不足，为今后的努力方向提供参考性意见。

5. 差别性原则

差别性原则，是指旅行社应针对不同等级和层次的员工，制定相应的各种绩效考核标准。这些考核标准之间应具有明显的差别界限，以便根据被评估者所应承担的职责和拥有的权力对其绩效进行恰如其分的评价。

（三）旅行社人力资源绩效评估的内容

1. 职务评估

职务评估包括考察员工对本职工作的熟练程度和考察员工的工作能力和适应性，以决定是否需要调动其工作或调整其职务。

2. 奖金评估

奖金评估是旅行社为了决定员工应获得的奖金数量，而对其工作成绩和超额劳动进行的客观评价。

3. 提薪评估

提薪评估是以员工过去的工作成绩和今后可能发挥的作用为依据进行的绩效评价，其目的是决定被评估者未来相应的工资水平。

4. 晋升评估

晋升评估是以提升员工的职务或工资级别为目的，对其绩效进行的综合性评估。晋升评估以旅行社平时积累的评估资料为基本依据，全面考察被评估者的职业道德、知识水平和工作能力，以决定是否应给予被评估者以相应的职务提升或工资级别晋升。

（四）旅行社人力资源绩效评估的作用

1. 管理方面的作用

绩效评估对旅行社的管理具有重要的作用，主要体现在以下四个方面。

① 薪酬调整和奖金发放的依据。旅行社关于员工工作绩效的评估结论，对员工本人是公开的，并且要获得员工的认同。因此，绩效评估的结果对被评估者具有较强的说服力，并且能够作为旅行社调整员工薪酬和发放奖金的重要依据。

② 调整职务和岗位的依据。绩效评估的结果能够客观地对员工是否适合该岗位做出明确的评判，并且成为旅行社晋升、降职、调岗，甚至辞退员工的重要

依据。

③ 提供沟通的机会。绩效评估为管理者和员工之间创造了一个正式的沟通机会，使管理者（评估人）和员工（被评估人）能够面对面地讨论评估的结果。一方面，管理者能够及时了解员工的实际工作状况及深层次的原因。另一方面，员工也能够了解到管理者的思路和计划。通过绩效评估和沟通，管理者与员工之间相互了解、信任得到加强，旅行社的透明度和工作效率也得到提高。

④ 获得员工信息的渠道。通过绩效评估，企业管理者和人力资源部门可以及时获得员工的工作信息。通过对这些信息的整理和分析，可以对企业的招聘制度、选择方式、激励政策及培训制度等一系列政策的效果进行评估。及时发现政策中的不足和问题，从而为改进企业政策提供了有效的依据。

2. 激励员工的作用

旅行社实施绩效评估，不仅有利于企业的发展，而且有利于激励员工。绩效评估的激励作用主要表现在以下两个方面。

① 了解企业对员工的评价。绩效评估是员工获得旅行社对其工作的评价信息的正常渠道。通过这种信息渠道，员工能够了解到其在企业中的位置和旅行社对其工作成绩的真实评价，有利于员工在以后的工作中发扬自己的长处，克服存在的不足。

② 了解企业对员工的期望。绩效评估还能够使员工了解旅行社对其未来发展的期望，为员工未来发展的方向，提供了重要的参考依据。

（五）旅行社人力资源绩效评价的指标步骤

1. 明确考核要素

先确定考核的项目，一般划分为德、勤、能、绩四项；然后对每一项目细分为该项目的指标要素，如德的方面，可分为服务态度、仪表仪态等。指标要素必须明确具体。确定每一要素的比重。根据各要素在整个评估中的重要性，确定该要素所占的比重，并赋予权重。比重采用百分比法。权重是各项目的分数值，最大权重为1。

2. 对各项打分

将各项目要素划分为优秀、良好、一般、较差四个等级，并规定相应的分数，优秀分数不能高于该项目的分数。根据员工的实际表现确定等级得分，算总分。各项相加得到总分，一般95分以上为优秀，80分以上为良好，65分以上为一般，65分以下为较差。

项目六　旅行社综合管理

 6-5

旅行社导游绩效月度考核评分表

考核期间：　　年　　月　　日

姓名			部门	导游部		岗位	初级导游
民族			毕业院校			导游证等级	普通话英语

	序号	指标	权重	完成情况	评分等级	得分
任务绩效85%	1	游客人身、财务安全维护度	5%	游客受到人身、财务安全威胁次数占出团总次数＿＿＿％		
	2	游客行程、食宿满意度	10%	游客行程、食宿投诉次数占出团总次数＿＿＿＿％		
	3	工作流程执行度	10%	严格按照出团流程执行的次数＿＿＿＿％		
	4	接待及时性	20%	接待游客次数占总接待次数＿＿＿％		
	5	讲解的游客满意度	5%	游客对讲解投诉次数占总出团次数＿＿＿％		
	6	老客户转介绍、重购成功率	10%	老客户转介绍成功数占客户总量＿＿＿％		
	7	专业技能提升率	10%	同比技能考试得分提升率＿＿＿％		
	8	可行性建议提出率	10%	单位周期内可行性建议提出的条数占总条数＿＿＿＿％		
	9	工作协调率	10%	工作期间协调同其他同事之间、客人之间矛盾的能力		
	10	工作中失误率	10%	单位期间内工作失误率的条数		
	"单项/一票否决"指标：			完成情况：		
	加权合计			A＝		

		指标	权重	要求目标		
态度维度15%	1	积极性	25%	主动学习业务知识；主动承担一般的额外任务；工作中能够提出新的思路和建议		
	2	协作性	25%	能够与同事保持良好的合作关系，协助完成工作		
	3	责任心	25%	工作有较强的责任心		
	4	纪律性	25%	能够遵守工作的规定和标准，有较强的自觉性和纪律性		
	加权合计			B＝		

月度绩效考核综合评分：C＝A×85%＋B×15%

考核人	签字				年　月　日

注：此表由旅行社员工的直接上级进行考核，并统计得出最后综合得分。

> 任务实施

1. 旅行社招聘启事一般包括以下内容：公司简介、职位描述、职位要求、待遇薪酬、面试时间、联系方式等。
2. 兰州丝绸之路旅行社新员工培训计划示例如下。

丝绸之路旅行社新员工培训计划

时间	培训内容	培训目的	负责部门	培训地点
4月5日	1. 旅行社制度 2. 旅行社简介 3. 旅行社组织结构 4. 旅行社企业文化 5. 未来展望	了解旅行社相关规章制度 树立统一的企业价值观和行为模式	人力资源部	旅行社会议室
4月6日	1. 敬业精神 2. 新员工如何为机遇做好准备 3. 新员工如何创造机遇显示才华 4. 员工行为规范总则	培养良好的工作心态、工作作风和职业素质	人力资源部	旅行社会议室
4月7日	1. 团队精神 2. 如何提升执行力 3. 诚信乃做人之本	树立统一的企业价值观和行为模式 培养良好的工作心态、工作作风和职业素质	人力资源部	旅行社会议室
4月8日	1. 客户关系管理 2. 销售技巧	培养较强的服务意识和服务精神	销售部	销售部办公室
4月9日	1. 计调基本素质 2. 计调业务规范、门市接待规范	培养计调的基本职业素质和业务规范	计调部	计调部办公室
4月10日	1. 导游职业道德 2. 导游业务规范 3. 导游的应变能力、常见问题的处理 4. 景点示范讲解	培养导游的基本业务素质和业务规范	导游部	导游部办公室
	拓展训练	培养团队协作和吃苦耐劳的精神	人力资源部	专业训练场
4月11日	导游综合业务测评	成绩测评	人力资源部	旅行社会议室

任务二

旅行社质量管理

> 任务引入

兰州丝绸之路旅行社导游员金先生刚刚结束一个国内旅游团的接待任务。金先生对旅游者热情友好、服务周到，美中不足的是旅途中由于天气出现了航班延误的现象，导致旅游者长时间在机场等候，有些旅游景点的参观行程不得不临时取消。旅游团结束旅游活动之前，有一位旅游者就此问题向金先生进行了口头投诉，这位旅游者希望旅行社重视这个问题，并给所有的旅游者一些物质补偿。没等那个旅游者讲完，金先生就回答说，他的心情和其他人是一样的，谁都不愿意航班延误。天气原因导致航班延误属于不可抗力，旅行社对此也无能为力。这位旅游者很生气，回去后就进行了书面投诉。请问，如果旅游者将兰州丝绸之路旅行社及导游员投诉到旅游质量监督部门，应该怎样处理？

任务分析

旅行社产品具有综合性强的特点，涉及食、住、行、游、购、娱等多个环节，任何一个环节出现问题，都会影响旅行社的产品质量。旅游者认为自身利益被损害或者没有满足，就会向导游员、旅行社、旅游质量监督部门提出投诉，如果处理不恰当，会对旅行社的声誉造成负面影响。因此，加强旅行社质量管理，正确处理旅游投诉，是旅行社经营管理的重要环节。

相关知识

一、旅行社质量管理的含义及意义

旅行社产品的质量，表现为两个方面：一是硬件质量，主要体现在旅游资源企业所提供的旅游产品以及旅游设施的质量，用于满足旅游者的物质需求；二是软件质量，主要体现为旅行社产品设计质量、销售人员和导游员的接待质量以及旅游产品供应部门的服务质量，用于满足旅游者的心理需求。

旅行社质量管理，是指旅行社为了保证和提高产品质量，综合运用一整套质量管理的体系、思想和方法进行的系统管理的活动。质量管理是旅行社经营管理的重要环节，加强旅行社质量管理对于提高旅游者的满意度、树立旅行社的优秀形象、创造企业良好效益等方面具有积极意义。

二、旅行社质量管理的特点

① 系统性。旅行社产品的质量是对旅游者全过程服务工作的综合反映，涉及旅行社内部各个部门以及协作单位的工作质量，因此对管理的要求也是全面系统的。旅行社必须实施系统管理，才能保证产品质量。

② 阶段性。旅行社的质量管理贯穿旅游活动的全过程，即游前、游中、游后三个阶段。在不同的阶段，质量管理的重点不同。游前阶段的重点是管理好旅

游产品设计、宣传、销售和门市接待，对收集信息、设计包装、经营决策、操作实施和门市服务等环节实施质量控制，使旅游者心悦诚服地报名参加旅游活动；游中阶段的重点是管理好导游员服务质量和协作单位的环境质量。对导游员的服务态度、服务方式、服务能力、职业素养等方面实施规范管理，对各协作单位，如饭店、酒店、交通部门的服务质量加强监督，使旅游者在愉悦的旅游体验中增强对旅行社的好感；游后阶段的重点是做好旅行社产品质量的检查和评价，提供售后服务，处理旅游者投诉。

③ 科学性。旅行社质量管理必须采用现代的管理理念和科学的技术方法，才能有效解决旅行社经营管理过程中存在的质量问题。如树立品牌意识、培养契约精神等。科学方法包括市场调查、数理统计、系统工程、运筹学等。

④ 参与性。旅行社各部门、员工以及旅游协作单位之间的全体人员都要从所在岗位出发参与质量管理，即全员参与，团结协作，人人为保证和提高旅行社产品质量而努力。

三、旅行社质量管理的实施

旅行社质量管理的实施包括以下几点内容。

① 加强质量意识教育。教育全体员工树立"质量第一，顾客至上"的服务理念，树立正确的职业道德观。

② 制定规范和标准。旅行社对于自身可以直接控制的环节，如线路设计、导游员服务等，制定岗位职责、操作规程和服务规范，力求做到规范化与个性化相结合。在此过程中，及时发现问题，解决问题。对于协作单位的服务质量，可依靠签订采购合同来保证服务质量，没有按照合同规定提供旅游产品和服务，旅行社可更换旅游服务供应商。

③ 主动规避风险，善后补救。旅行社对于无法控制，但又经常出现的质量问题早做预防，尽力避开。如客房供应不足，可提前做好客房预订准备工作。对于已发生的质量事故，努力做好善后补救工作，尽可能减少其负面影响。

④ 及时收集质量信息，加强监督检查。旅行社的质量信息是保证旅游产品高质量的基础。旅行社在实行质量管理的同时，要正确及时对质量信息进行收集和决策反馈。旅行社质量信息的反馈渠道有：服务人员在工作中发现服务规范、标准同旅游者满意度存在差异，及时汇报给旅行社；旅游者提供的反馈信息；行业组织、主管部门向旅行社企业提供的质量改进信息。

四、旅游投诉处理

旅游投诉，是指旅游者、海外旅行商、国内旅游经营者为维护自身和他人的旅游合法权益，对损害其合法权益的旅游经营者和有关服务单位，以书面或口头形式向有关方面提出投诉，请求处理的行为。

（一）旅游投诉产生的原因

1. 旅游服务部门的原因

（1）交通服务方面的原因

一是抵离时间不准时。交通工具抵离时间不准时常常会给旅游者的旅游活动造成不便甚至严重损失。例如，由于旅游者所乘坐的飞机、火车未能按照航班时刻表、列车时刻表等准时起飞或发车，造成旅游者无法按预定计划抵达或离开旅游目的地，或造成旅游者被迫延长在旅游目的地某一个城市的停留时间及缩短在另一个城市的停留时间，有时甚至被迫取消某个城市或地区的旅游计划。这种现象会损害旅游者的利益，经常招致旅游者的投诉。

二是途中服务质量低劣。交通部门、企业或司乘人员认为其任务就是简单地将旅游者按照计划或合同按时运送到目的地，不重视提高服务质量，在服务过程中态度生硬、粗暴或懒懒散散，对于旅游者提出的合理要求熟视无睹，不闻不问，造成旅游者的不满，导致旅游者投诉。

三是忽视安全因素。安全是旅游者旅行期间十分关心的一个因素。旅游者往往对那些不重视交通安全的旅游交通部门、企业或司乘人员深恶痛绝。运输安全是旅游者旅游活动顺利进行的重要保证。然而，有些交通部门、本企业或司乘人员只关心本部门、本企业的经济利益，忽视运输安全，给旅游者的生命财产造成损失，是旅游者投诉的一个重要原因。

（2）住宿服务方面的原因

一是设施设备条件差。有些饭店或旅馆的设施设备比较陈旧，维护保养差，给旅游者带来诸多不便。例如，在客房里，洗手间里马桶漏水，影响旅游者的夜间睡眠；淋浴设备缺乏维修，旅游者在淋浴时水流不均匀，时冷时热；空调设备制冷性能差，在炎热的夏季不能使客房里保持适当的温度；在楼道里，地毯陈旧破损，致使旅游者绊倒摔伤；客用电梯因维修不当，导致电梯时开时停；等等。这些都会导致旅游者提出投诉。

二是服务技能差。由于有些饭店对服务人员的服务技能培训缺乏足够的重视，服务人员无法向旅游者提供符合规范的服务，导致旅游者不满和投诉。例如，前台服务员因不熟悉饭店预订系统的操作程序，无法迅速为入住的旅游者办理好入住手续，使旅游者在前台长时间等候。

三是服务态度差。有些饭店的服务人员缺乏职业道德，不尊重顾客，对旅游者态度生硬，说话时要么爱搭不理，要么出言不逊，甚至为了一点小事就与旅游者大吵大闹。还有的服务人员在向旅游者提供服务时敷衍搪塞，不负责任。当旅游者无法忍受他们的恶劣态度时，就会向旅行社提出投诉。

四是卫生条件差。有些饭店经营者为了降低经营成本,将承担客房、公共卫生区、餐厅等处卫生工作的人员大量裁减,使得卫生工作难以正常进行。还有些饭店经营者忽视平常人们不容易注意到的地方,结果导致这些地方成了卫生死角,变成藏污纳垢的地方。而正是这些角落里滋生的蚊蝇、蟑螂等飞进、爬进旅游者下榻的客房或出现在餐厅里,使旅游者感到无法忍受,提出投诉。

(3) 餐饮服务方面的原因

一是菜肴质量低劣。造成菜肴质量低劣的原因主要有三种:其一,厨师没有按照菜谱上规定的主、副料配比进行烹调,造成菜肴的质量下降;其二,厨师的烹饪技术差,做出的菜肴口味与规定不符;其三,菜肴的分量不足,引起旅游者的不满。

二是就餐环境恶劣。餐厅的就餐环境比较差,如餐厅里摆放的餐桌、餐椅已经损坏,餐厅未加修理仍让旅游者使用;餐厅里的卫生条件差,出现蚊蝇、蟑螂等;餐具没有清洗干净;厨房与餐厅隔离较差,导致厨房里的油烟飘到餐厅里,影响旅游者就餐的情绪等。

三是服务技能差。有些服务人员由于缺乏必要的专业训练,无法提供规范的餐厅服务,有的甚至给旅游者造成损失,如将菜汁溅在旅游者身上,将旅游者点的菜肴上错桌等,招致旅游者不满和投诉。

四是服务态度差。餐厅或餐馆的服务人员服务态度差主要表现在:①对待旅游者冷若冰霜,对旅游者提出的要求不予理睬或寻找借口不予办理;②服务时懒懒散散,不主动向客人介绍本餐厅或本餐馆的特色产品,旅游者询问时,表现出不耐烦的神情;③服务态度恶劣,与客人大吵大闹;④对待客人不能一视同仁,对某些客人曲意逢迎,对另一些客人则瞧不起。

(4) 其他服务方面的原因

除了上述部门或企业因其服务欠佳造成旅游者投诉外,其他一些旅游服务部门如游览景区、娱乐场所、购物商店等也会因服务质量低下造成旅游者向旅行社提出投诉。

2. 旅行社的原因

(1) 活动日程安排不当

一是活动内容重复。有些旅行社在安排旅游者的活动日程时只考虑本地区的特色,而没有综合考虑整条旅游线路上各地的旅游景点情况,造成旅游活动内容重复的现象。

二是活动日程过紧。有些旅行社在安排旅游者的活动日程时,将旅游活动日程安排过紧,有时甚至安排旅游者一天参观三四个规模较大的游览景点,结果造成旅游者要么疲劳不堪,要么走马观花,无暇欣赏。

三是活动日程过松。有些旅行社在安排旅游者的活动日程时,将活动日程安排得稀稀松松，往往是早上很晚才出发，下午很早就将旅游者送回酒店，使旅游者感到旅行社不负责任，浪费旅游者的时间和金钱。

四是购物时间过多。有些旅行社只顾自己的经济效益，将游览景点的时间安排得很紧，挤出较多的时间安排旅游者多次购物，结果造成旅游者的不满。

（2）接待人员工作失误

一是擅自改变活动日程。有些旅行社的接待人员在接待过程中，未与旅游者或领队商量并征得同意，也未向旅行社有关领导请示，便擅自将活动日程做较大的变动。

二是不提供导游服务。有些导游员将旅游者领到游览景点后，不是按照旅游合同的规定向旅游者提供导游讲解服务，而是游而不导；或者做简单的介绍之后便不再理睬旅游者；或者在前往游览景点及从游览景点参观结束返回酒店的途中，与司机聊天或打瞌睡，不进行沿途导游讲解。

三是造成各种责任事故。有些旅行社接待人员工作责任心不强，麻痹大意，遇事敷衍搪塞，造成漏接、误机、误车、误船、行李丢失或损坏等责任事故，给旅游者的旅游活动带来不便和损失。

四是服务态度恶劣。有些旅行社接待人员不尊重旅游者，在接待过程中不热情，态度生硬，经常顶撞旅游者或与旅游者大吵大闹。在接待过程中厚此薄彼，对旅游者不能做到一视同仁，使部分旅游者产生受歧视的感觉。

相关链接 6-6

全国旅游立案投诉问题情况

年度	类别	立案总件数	降低服务标准	擅自增减项目	导游未尽职责	延误变更行程	非旅行社责任
2017年	立案件数	10 003	2 504	1 104	1 224	666	4 505
	所占百分比(%)	—	25.03	11.04	12.24	6.66	45.04
2016年	立案件数	8 768	1 695	837	1 139	602	4 495
	所占百分比(%)	—	19.33	9.55	12.99	6.87	51.27
与2016年相比(件)		+1 235	+809	+267	+85	+64	+10
与2016年同比(%)		+14.09	+47.73	+31.90	+7.46	+10.63	+0.22

（资料来源：文化和旅游部旅游质量监督管理所）

(二) 旅游者投诉的心理

1. 要求尊重的心理

旅游者向旅行社提出投诉是因为他们认为没有受到旅游接待人员或其他旅游服务人员的尊重或尊重不够，所以向旅行社管理者提出投诉以维护其尊严。具有要求尊重心理的旅游者在投诉时的目的主要是通过投诉获得其所希望得到的尊重，而对于经济补偿则不大重视，也不关心旅行社管理者是否会严肃处理被投诉的有关人员。有的时候，当投诉者从旅行社管理者那里得到尊重的表示后，甚至会请求不要惩罚被投诉者。

2. 要求发泄的心理

旅游者因对旅游接待人员或其他旅游服务人员的服务感到不满，觉得受了委屈或虐待，希望向别人诉说其心中的不快。具有要求发泄心理的旅游者提出投诉的主要目的是向旅行社管理者发泄其心中的不满和怨气。当他们的怨气发泄完毕，并得到某种安慰后，往往会感到心理上的满足，而不再提起赔偿的要求。有些旅游者甚至还会因其在投诉时使用过激语言感到后悔和歉意。

3. 要求补偿的心理

旅游者提出投诉的主要动机是要求得到一定的补偿。旅游者要求的补偿可能是物质方面的，如希望退还部分旅游费用；也可能是精神方面的，如希望旅行社道歉。

(三) 旅行社对旅游投诉的处理程序

1. 倾听投诉

旅游投诉分为书面投诉和口头投诉两种形式。旅行社管理者在接到旅游者的书面投诉时，应仔细阅读其来信，总结出投诉的要点。在接待提出口头投诉的旅游者时，管理者应耐心倾听旅游者提出的意见。

2. 询问情况

旅行社管理者在倾听旅游者的投诉之后，首先，应表示对其遭遇的同情，使旅游者感到管理者通情达理，愿意解决其所投诉的问题，从而得到心理上的安慰。其次，管理者应就旅游者投诉中尚未讲清楚的关键情节进行询问，以便了解旅游者投诉的事实。最后，管理者应就旅游者能够坦诚地向旅行社反映情况表示感谢，指出这是对旅行社的信任和爱护，并答应尽快对旅游者所提出投诉的事实进行调查和处理，并将处理结果反馈给旅游者。

3. 调查事实

旅行社管理者应立即着手对旅游者投诉所涉及的人员和事情经过进行调查核实。在弄清事实的基础上，采取适当的方法进行处理。

4. 进行处理

旅行社管理者在对旅游者投诉的事实调查清楚的基础上，应根据具体情况对旅游投诉进行妥善处理。对于涉及旅行社员工的投诉，如果经过调查，发现旅游者的投诉与事实相符，管理者应立即采取适当的措施，按照旅行社的有关制度和规定对当事人进行批评教育；情节严重并造成严重影响或经济损失的，还应根据错误的严重性和造成的后果给予扣发奖金、暂停接待工作、赔偿经济损失、通报批评、留社察看、解聘或开除等处分。

对于涉及其他旅游服务供应部门或企业的投诉，经过调查证明确属该部门或企业责任的，管理者应通过适当渠道向该部门或企业的有关领导反映。如果发现该部门或企业屡次出现旅游者因同类情况进行投诉的现象，旅行社则应减少甚至停止与其合作，不再采购其服务或其他旅游产品。

5. 答复处理结果

旅行社管理者在完成对旅游投诉的处理之后，应及时将处理结果以口头或书面形式通知旅游者。在答复时应诚恳地向旅游者表示歉意，希望能够得到其谅解，并愿意继续为其提供优质服务。如果处理结果涉及经济赔偿，旅行社还应征求旅游者的意见，以适当的渠道和方式进行赔偿。如果经过调查发现旅游者的投诉与事实出入较大，属于旅游者的误会，旅行社管理者则应向旅游者做实事求是的解释，并欢迎他（她）在今后继续关心和监督旅行社的服务质量。

6. 记录存档

旅行社应将旅游投诉的内容和处理经过做详细真实的记录，并存入档案，以备将来必要时核对。

（四）旅游质监部门对旅游投诉的处理

1. 旅游投诉处理的原则

（1）全面受理原则

只要有游客投诉，不论该游客是团队客人，还是散客，旅游质监部门都要认真受理该投诉，即所谓的全面受理旅游投诉。不能因为该游客不是团队游客，或者被投诉对象不在旅游质监部门管辖范围内，旅游质监部门就拒绝接受游客的投诉。游客不可能对于各个管理部门的职能有清晰的了解，旅游质监部门也不能对游客有这样的要求，全面受理投诉也是落实以游客为本的基本要求。

（2）认真处理原则

所谓认真处理，就是对于旅游投诉能够迅速反应。旅游质监部门接到旅游投诉后，要立即对投诉进行梳理分类，对于属于受理范围的旅游投诉，必须快速响应，根据游客提供的证据和线索，对被投诉的旅游企业开展调查。在调查核实的基础上，分清责任，及时化解纠纷，维护游客的合法权益，而不是一味无原则地维护游客或者旅游企业的权益。

（3）特事特办原则

在"黄金周"等节假日期间,由于旅游服务供不应求,产生旅游投诉的概率较大,在这些特殊时段,旅游质监部门应当强化检查,随时受理旅游投诉,防止纠纷事态的扩大。同时,一旦发生甩团和扣团等恶性纠纷时,即使组团社和地接社都不属于本地旅游质监部门管辖范围,根据属地管理原则,纠纷发生地旅游质监部门必须在第一时间介入,平息事态,维护游客的合法权益。

(4) 及时转办原则

全面受理旅游投诉,并不意味着全面处理旅游投诉,之所以要全面受理旅游投诉,主要是为了方便游客维护权益。对于不属于处理范围的投诉,旅游质监部门要及时把投诉以书面形式转给相关管理部门,请他们妥善处理投诉并答复游客。同时,旅游质监部门要把投诉转办的理由、处理部门的联系方式等情况明确告知游客,请游客和相关管理部门直接联系。

(5) 公正调解原则

按照《旅游投诉处理办法》的规定,在旅游投诉处理过程中,要始终贯彻调解的原则。特别应当注意的是,调解不是和稀泥,更不是为了图省事,简单地要求旅游企业自己"摆平",而是要在事实清楚、责任分清、不违反法律法规强制性规定,且双方当事人自愿的前提下进行,充分考虑双方的权益平衡。

(6) 以理服人原则

不论处理何种旅游投诉,旅游质监部门必须坚持以理服人原则,让游客明白为什么赔偿低于他的期望值,同样让旅游企业知道为什么必须赔偿。如游客在游览过程中,导游员告知义务履行不完全,游客自己也不小心,导致人身损害的发生。旅游质监部门必须说服游客也要承担部分责任,因为作为完全民事行为能力人的游客,要为其过失行为的后果负责,而不能把所有责任都推给旅行社。

(7) 区别对待原则

在旅游投诉处理过程中,不论纠纷大小和权益损害严重程度,游客经常要求企业返还全额服务团款、精神损害赔偿、双倍团款赔偿。对于此类投诉请求,旅游质监部门要全面了解投诉事实,只要是缺乏法律依据的请求,在说服游客的同时,应当坚持原则,明确拒绝游客的请求。而对于旅游企业服务有瑕疵,又没有明确赔偿标准的,旅游质监部门要尽力维护游客的权益。

(8) 处理违法原则

民事责任和行政责任本质的区别是:民事责任的追究遵循"民不告,官不究"的原则,只要游客不投诉,管理部门不必主动介入;而行政责任的追究恰好相反,遵循"民不告,官亦究"原则,在旅游投诉处理过程中,必须审查旅游企业是否违法,即使游客在投诉过程中没有提及旅游企业的行政违法,旅游质监部门也必须按照相关法律法规,对旅游企业进行处罚。

2．旅游投诉处理的程序

（1）做好准备工作

为了顺利开展投诉调解工作，有效地控制投诉调解现场，旅游质监部门在召集双方当事人参加调解前，必须做好各项准备工作，对各种可能出现的状况做好预案，必要时可以自行收集证据。准备工作主要包括对投诉事实的调查、对投诉证据的收集、对投诉性质的确定、对双方当事人责任的划分以及了解双方当事人对投诉处理结果的期望等，做到心中有数。

（2）履行告知程序

调解现场的第一步是介绍参加调解的人员身份。包括管理部门的人员、游客和被投诉的旅游企业代表，特别需要向游客介绍旅游企业代表的职务，使得游客感受到企业的重视程度。第二步是向双方当事人介绍，旅游质监部门处理旅游投诉的方式是调解，而不是决定。同时要告知游客，除了旅游质监部门的调解外，还可以通过和旅游企业自行协商、向仲裁委员会提出仲裁申请或者向人民法院提起民事诉讼等方式，解决旅游纠纷。

（3）宣布调解规则

调解人在调解开始前，为了促成调解工作的顺利开展，应当向双方当事人宣布调解规则：第一，要求双方当事人在发言中紧紧围绕投诉事宜而展开，不能离题太远；第二，要求双方当事人在陈述事实和发表观点时，就事论事，不能捏造事实，更不能损害对方人格；第三，要求双方当事人在对方陈述时，尊重对方，不能随意打断对方的讲话，影响调解效率。

（4）调查投诉事实

调查核实是投诉调解的核心阶段，对于投诉的正确解决起着关键的作用。这个阶段由三个步骤构成：第一，由游客陈述旅游企业的违约或者侵权事实，提供相应的证据，提出赔偿的具体要求；第二，由旅游企业代表对游客的投诉进行申辩和解释，对游客的赔偿要求给予回应；第三，对于双方的分歧点做进一步的陈述和沟通，尽可能消除证据部分的分歧，达成一致。

（5）明确投诉责任

在双方当事人对投诉事实的质证基础上，调解人对双方没有分歧的投诉事实进行确认，对双方的存疑部分进行记录。进而根据法律法规的规定，对投诉进行归类，判定投诉属于违约纠纷范畴还是侵权纠纷范畴，然后对旅游投诉的是非曲直做出认定，确认游客、被投诉旅游企业还是第三人存在过错，由哪一方承担责任或者多方共同承担责任。

（6）确定赔偿数额

旅游投诉处理的最后阶段，就是明确游客损失的数额以及如何弥补。根据游客的实际损失，或者根据事先的违约金约定，结合当事人责任的大小，可以采用两种方式进行调解：第一种方式，按照旅游企业的过错，逐项进行计算，需要补偿的，在此基础上再进行补偿。第二种方式，在明确旅游企业过错的前提下，提出一揽子赔偿和补偿方案，促成双方的和解。

相关链接 6-7

甘肃省旅游投诉调解书

_____旅质监诉调字（_____）第____号

投诉人：_____ 身份证号码：_____
地址：_____ 联系电话：_____
被投诉人：_____
法定代表人（或委托人）：_____
地址：_____ 联系电话：_____
　　经我单位调查核实：_____
_____
_____。
　　依据以上事实，经本单位调解双方达成以下协议：_____
_____
_____。
　　协议履行时间：____年____月____日，地点：_____
　　本调解书自双方签字、盖章后，即可按期执行。
投诉人签字：_____（盖章）
被投诉人签字：_____（盖章）
经办人签字：_____（盖章）
调解单位：_____（盖章）

　　　　　　　　　　　　　　　　　　　　　年　月　日

任务实施

　　此项投诉为旅游投诉中较为常见的情况。旅游者投诉至旅游质监部门，旅游质监部门应本着全面受理和及时转办的处理原则，认真受理旅游者的投诉，然后及时将投诉材料转给此次旅游活动的组团社，请他们妥善处理投诉并答复旅游者。同时，旅游质监部门要把投诉转办的理由、旅行社的联系方式等情况明确告知旅游者，请旅游者和旅行社直接联系。旅行社在收到旅游质监部门转交的投诉材料后，应和旅游者主动联系，认真倾听，询问情况，调查事实，然后根据调查结果以及旅游者的投诉心理、要求进行妥善、公正处理。

任务三
旅行社客户管理

任务引入

某旅行社组织一个夕阳红团到海南去玩。这个团的旅游者平均年龄都在60岁左右，这对于旅行社来说是一个艰巨的旅程。旅行社不仅要考虑到旅游者的安全，还要让旅游者度过一个愉快的旅程。在旅行社周密谨慎的安排下，这个团队旅程顺利结束。请为该旅行社制定维持这些客户的策略。

任务分析

著名的"漏斗原理"告诉我们企业可能在一周内失去100个客户，而同时又得到另外100个新客户，从表面看来销售业绩没有受到任何影响，而实际上为争取这些新客户所花费的宣传、促销等成本显然要比保持老客户昂贵得多。所以进行有效的客户管理，维持和巩固老客户对于旅行社的发展非常必要。

相关知识

一、旅行社客户管理的意义

客户是旅行社重要的经营基础和生产资料。客户概念有狭义和广义之分。狭义的客户是指旅行社的客源，即旅游者。广义的客户是指与旅行社有经济和业务来往的供应商、服务机构和旅游者。旅游业是一个高关联度的产业，旅行社作为旅游活动的组织者，其接待工作主要依靠合作伙伴来共同完成。尽管他们有着各自不同的利益和目标，但彼此相互依存、相互影响，又相互制约。

客户管理，即客户关系管理（Customer Relationship Management）的简称，也可以称作CRM。CRM的主要含义就是通过对客户详细资料的深入分析，来提高客户满意程度，从而提高企业的竞争力的一种手段。因此，如何选择最佳的合作伙伴，以及选择哪些合作伙伴共同完成旅游经营活动是旅行社一项十分重要的工作。用广义客户概念去进行市场开发、产品设计、产品创新和市场营销，可以使旅行社时时刻刻处于主动位置，而科学的客户管理是保障这一目标实现的基础。

重视客户管理的意义主要表现在以下四个方面。

(1) 客户管理可以帮助旅行社实现客户资源共享

有效的客户管理，可以避免客户资源私有化的现象，使客户信息在旅行社内实现共享，保证客户资源在各部门之间、员工之间、员工与管理者之间的无障碍沟通，避免由于人员变动引起的客户资源流失。管理者凭借掌握的客户资源不断收集客户资料，实施营销计划，从而为目标市场的旅游者提供更为周到、优质的个性化服务。

(2) 客户管理是各种新的营销手段发挥作用的基础

狭义的旅游市场是微观化的市场需求，现在的许多旅游者阅历和经验丰富、要求高，开始追求个性化和多样化旅游。因此，新的营销手段必须建立在对客户了解的基础之上，为满足旅游者需求而推出。

(3) 客户管理是获得客户信任和赢得竞争机会的基础

影响客户决策的信息渠道主要有个人体验、相关群体经验、公共来源渠道和商业渠道，旅游者对以上渠道信息的信任度依次降低，传统的商业促销是客户信任度相对最低的渠道。稳定的客户群和良好的口碑是旅行社获得竞争优势的优良途径。

(4) 客户管理有利于维护市场竞争秩序

旅游市场的价格战忽略了市场差异和客户需求差异，导致旅游市场混乱，旅游企业元气大伤。重视客户需求，重视客户管理才是维护旅游市场良性发展的有效方法。

二、旅行社客户的类型

客户是旅行社经营的重要物质基础和社会资源，不仅包含旅游者，同时还包括为旅行社提供食、住、行、游、购、娱活动的企业。具体可分为以下几类。

① 散客消费者。散客消费者是指购买最终产品与服务的零售客户，通常是个人或家庭。

② B2B（实际上是指企业或机构客户）。B2B 是指购买旅行社的产品或服务并附加在自己的产品上一同出售给另外的客户，或附加到他们企业内部业务上以增加盈利或服务内容的客户。

③ 渠道、分销商和特许经营者。渠道、分销商和特许经营者是指不直接为旅行社工作，并不需为其支付报酬的个人或组织。他们购买产品的目的是代替旅行社在当地销售产品。

④ 内部客户或企业（或联盟公司）内部的个人或业务部门。他们需要旅行社的产品或服务以实现他们的商业目标，这通常是最容易被企业忽略的一类客户，同时又是最具长期获利性的（潜在的）客户。

⑤ 供应商客户。供应商是为旅行社提供"原材料"的企业，供应商的价格、质量直接影响到旅行社旅游产品的价格、质量。

⑥ 传媒合作者。传媒合作者即旅行社推销自己旅游产品的多种方式和渠道。

三、建立客户档案

客户档案是旅行社经营过程中与供应商、分销商、旅游者、其他相关部门或企业发生各种业务关系的历史记录。

(一) 建立客户档案的意义

建立客户档案，是旅行社管理客户的一种重要方法，可以使旅行社随时了解客户和合作部门的历史与现状。通过对客户档案的综合分析与比较研究，旅行社可探索进一步合作的可能性，并对不同客户和合作部门采取不同的对策。如对销售得力的客户应有特殊的条件和优惠；对一些小的客户，如认为有发展前途，就应该重点扶持培养。此外，还可以根据客户的组团能力等指标对客户进行分类排序等。对于合作部门也可根据经营实力、工作信誉、组团能力、经济效益、推销速度等情况，采取扩大合作或终止合作的决策。

(二) 旅行社客户档案的内容

一份完整的旅行社客户档案主要包括客户基本情况、单位客户负责人情况、客户单位概况及与客户业务往来的相关材料四个方面。

① 客户基本情况。如果是单位客户，则主要记载客户单位的名称、单位性质、详细地址、邮编、联系电话、传真等；如果是个人客户，则主要记载客户的名字、年龄、性别、文化程度、经济状况、个人的兴趣爱好、旅游消费习惯、手机号码等。这一部分的材料是客户档案最基础的组成部分。

② 单位客户负责人情况。单位客户负责人档案的内容主要记载其姓名、性别、年龄、身份证号、领导风格、个人兴趣爱好、家庭住址、办公电话、手机号码等。

③ 客户单位概况。客户单位档案的内容主要记载其固定资产总额、规模、职工人数、资金实力、经济效益状况、年产值、利税、信誉等方面的情况。这方面材料反映的是客户单位的实力，直接关系到与客户单位合作的风险和前景。

④ 与客户业务往来的相关材料。这些相关材料主要包括双方业务来往的函电、合同、意向书等。函电主要指双方业务交往过程形成的传真、电报、信件等，它们具有重要的凭证作用；合同、协议等则是与客户业务交往的最后成果，它们记载着客户双方履行合约的情况，是双方经济利益得以实现的法律保障。

(三) 建立旅行社客户档案的方法

1. 分门别类法

在旅行社营销活动中，与旅行社经营业务发生关系的客户有很多。如宾馆、酒店等是提供旅游线路产品基本要素的供应商，广告公司、新闻媒体则是对旅游市场营销构成重要影响的传播途径，不同类型的客户对旅行社经营活动起到不同的作用，因此，对客户进行分类是建立客户档案的基础。旅行社的客户档案管理

旅行社经营管理

人员既可以按照供应商、分销商、传媒、消费者来进行分类建立客户档案，也可以按照旅游产品生产的工艺流程，即上游企业、水平合作伙伴、下游企业和消费者四层次来建立客户档案。

相关链接 6-8

客户情况登记表

客户名称		注册国别	
法人代表		营业执照编号		业务联系人	
营业地址		电话与传真	
电子信箱	
与我社建立业务关系的途径与时间	
我社联系部门与联系人	
客户详细情况	
备注	

相关链接 6-9

旅行社与客户合作情况登记表

中间商名称	
合作年度	
合作情况	
备注	

2．顺序排列法

随着旅行社经营的持续和规模的不断扩大，相应的客户档案数量也会越来越大，记录的内容会越来越多，查阅起来也会越来越有难度。档案管理人员在建立客户档案的初期就应充分预见这一情况，一定要按照一定的顺序科学排列客户档案。比如，可以采用客户名称中文字母排列顺序，第一位字母相同则选择第二位进行排列，以此类推；也可以采用先分区（根据客户类型先划分大类），再细分（在大类内按照一定方式排列）。但不论采用哪种方式排列，建立一个方便、快捷查询的客户档案目录都是非常必要的。

3．选择重要客户建立 VIP 客户档案库

与旅行社发生业务关系的企事业单位有很多，如果不加以区别地全都列入客户档案库中，既费时费力又给查阅带来很大的困难。因此，在客户档案库中要对不同客户有所区别，对于一次性客户，建立档案的意义不大，而那些信誉度高、实力较强的供应商、传媒和旅游者，则应该是客户档案的主体。比如那些对旅行社的经营构成重大影响的客户，要专门建立 VIP 客户档案库，其档案要尽可能详细并及时地补充和更新，以便在合作时更具针对性和时效性。这对于旅行社经营利润的保持和增长至关重要。

四、客户的维护、巩固和发展

单纯地建立客户档案对旅行社经营仅仅具有参考作用，而客户关系的巩固对旅行社的经营管理更加重要。建立在真诚合作、及时沟通、定期联络基础上的良好客户关系，通过系统化、程序化的关系巩固，这样不仅可以使客户档案保持不断地补充和及时更新，还能够保持合作单位和客户稳定性，即在巩固关系过程中实现旅行社和合作者的双赢。客户的维护、巩固和发展方法有以下几点。

1. 及时回访客户

关系的巩固是建立在密切的联系和及时的沟通基础之上的。旅行社通过短信发送、微信交流、打电话、上门拜访等形式，可以加强与客户的联系并有效巩固客户关系。在联络客户时要注意联系的时机，一般应选择在客户生日、重大节假日和每月的固定时间，切忌联系过于频繁和联系时间影响到客户的正常工作和休息。

2. 邮寄印刷品保持客户关系

由于旅行社的产品、经营活动时时处于不断创新的状态，客户不可能及时、全面地了解到，因此旅行社应采取有效的方法及时将新的信息告知给客户。旅行社通过邮寄印刷品的方式就可以达到这一目的，并借此巩固与客户之间的关系。在邮寄印刷品时要注意：第一，客户单位名称与联系人或客户姓名一定要书写准确；第二，印刷品要制作精美、图文并茂，内容言简意赅，最好附有近期的优惠活动宣传资料；第三，一次投递的印刷品数量不宜过多。

3. 组织联谊会或招待会加强客户联系

旅行社可以定期选择一些 VIP 客户为他们举办联谊会或招待会。这些活动不仅能密切旅行社同合作者、客户的联系，还能提升旅行社的知名度和威信。同时，上述场合中那种轻松愉快的气氛无疑会给旅行社的推销工作创造更多有利的条件。在组织联谊会或招待会时，旅行社要事先对客户进行认真的分析，目的在于有针对性地选择活动的内容、形式以及活动场所和时间等。

4. 采取折扣策略强化客户关系

折扣策略是以经济手段来鼓励客户多向旅行社输送客源、调节客户输送旅游者的时间或鼓励客户及时向旅行社付款的一种重要方法。有针对性地优惠和奖励客户可以调动客户的推销及时性，并强化客户关系。旅行社常用的优惠和奖励形式包括减收或免收定金、组织奖励旅游、组织客户考察旅行、实行领队优惠等。

任务实施

旅行社可以从以下几个方面做好这个夕阳红团的客户管理：首先，给参加旅行的这些客户建立档案，比如单位、姓名、年龄、性别、文化程度、经济状况、个人的兴趣爱好、旅游消费习惯、手机号码等，如果在填写档案时发现有些客户是旅行社的老客户，而且有多次的购买经历，或者这些老年客户经常购买价值大的旅游产品，可以在客户的档案中加以标注，归为 VIP 客户；其次，在这些老年旅游者游玩回来之后，给参加旅游的旅游者打电话，向他们问候，顺便咨询旅游者对该社服务的有关意见；再次，寄去带有旅行社 logo 的节日礼物，这会让旅游者非常满意，觉得没花错钱；最后，旅行社可以每年举办一次开放日，邀请客户参加该社免费组织的活动，包括赠送礼品、参加抽奖等。

项目实训

1. 调查当地某家旅行社，掌握旅行社的员工招聘、培训情况，并写出调查报告。
2. 情景模拟旅行社接待游客投诉的处理过程。
3. 走访调查某旅行社客户经理一天的工作流程，列举其主要工作内容。

复习思考题

1. 旅行社人力资源管理的含义是什么？
2. 简述旅行社招聘员工的程序。
3. 简述旅行社人力资源培训的内容。
4. 简述旅行社人力资源绩效评估的原则。
5. 旅行社质量管理的含义是什么？其特点有哪些？
6. 旅行社如何实施质量管理？
7. 旅游投诉的原因有哪些？
8. 游客的投诉心理有哪些？
9. 旅行社应如何处理旅游投诉？
10. 旅游质量监管部门处理旅游投诉的原则有哪些？
11. 旅行社建立客户档案的意义是什么？有哪些建立的方法？
12. 旅行社应该如何维护和巩固客户关系？

项目七

旅行社电子商务

项目目标

知识目标：理解旅行社电子商务的定义和基本特征；明确旅行社电子商务的分类；理解旅游网络营销的含义；了解我国旅行社网络营销的主要模式。

能力目标：掌握网络咨询沟通技巧；掌握旅游电子合同的订立。

素质目标：培养旅行社管理的信息化理念；树立诚信服务意识。

任务一

旅行社电子商务认知

任务引入

某旅行社应邀参加校园招聘会，有同学应聘旅行社电商平台运营岗位。如果你是这家旅行社的招聘人员，请告诉应聘同学这个岗位的主要职责。

任务分析

旅游电子商务是互联网技术生活化应用的一种形式，在第三次信息化浪潮的背景下，互联网已势不可挡，深刻影响着人们的旅游消费方式。与之相适应，越来越多的旅行社采用线上线下经营方式为旅游者提供方便、快捷、多样、个性化的旅行服务。电商平台既是旅行社新产品发布和销售的平台，也是交易结算和企业内部系统管理的手段。

相关知识

一、旅行社电子商务的定义

对应电子商务的定义，旅行社电子商务是指专业从事旅行中介服务的企业组织建立并实施一整套基于规范业务流程的，以先进的计算机技术、互联网技术及通信技术为基础的在线旅行服务模式体系。因此被称为在线旅游服务模式（Online Travel Service，简称 OTS）。旅行社应用电子商务，调整企业同消费者、企业同企业、企业内部关系，从而扩大销售，拓展市场，并实现内部电子化管理的全部商业经营过程。

二、旅行社电子商务的基本特征

① 旅行社电子商务的主体或"载体"是旅行社或旅行中介服务机构。
② 旅行社电子商务的核心是一系列规范的业务流程。
③ 旅行社电子商务的基础是互联网技术和万维网技术的应用。
④ 旅行社电子商务的创新竞争力在于在线旅游服务模式。这种服务模式的最大特点是在线、即时地为旅游者服务，在时间上体现出快捷和便利。
⑤ 旅行社电子商务体系是一个人机结合的系统。涉及企业运作的各个层面，包括产品设计、市场营销、企业管理（MIS）、客户关系管理（CRM）、资源管理（ERP）、供应链管理（SCM）等，绝对不只是一个纯粹的"机器人"计算机系统。

三、旅行社电子商务的分类

旅行社在线旅游服务，主要以提供旅游线路、景点门票、旅游度假、自由行等服务为主。除此之外，越来越多的旅行社网站也为旅游者提供旅游攻略、点评、交流社区、视频照片分享等服务。

从类别上看，旅行社电子商务既有 B2B（网站对交通、住宿、景点等企业），也有 B2C（对游客）及 C2C（游客自行组团）等模式。

从应用层次来看，旅行社电子商务可分为以下两个层次。

一是面向市场，以交易活动为中心，并包括促成旅游交易实现的各种商业行为——网上发布旅游信息（包含网络旅游新闻媒体）、网上广告宣传、旅游市场调研和实现旅游交易的电子贸易活动；网上旅游洽谈、售前咨询、网上旅游交易、网上支付、售后服务等。

二是利用旅行社业务流程重组和内部网络平台建设而形成经营管理活动，实现旅游企业内部电子商务，包括旅游企业建设内部网络和数据库，利用计算机管理系统实现旅游企业内部管理信息化。可以预见的是，发展到成熟阶段的旅游电子商务，将是旅游企业或机构外部电子商务和内部电子商务的无缝连接，这将极大地提高旅游业的运作效率。在这一方面，区别于传统意义的、连接内部数据库系统和业务流程的新型呼叫中心和 B2C 网站，是极好的运作示范典型。

相关链接 7-1

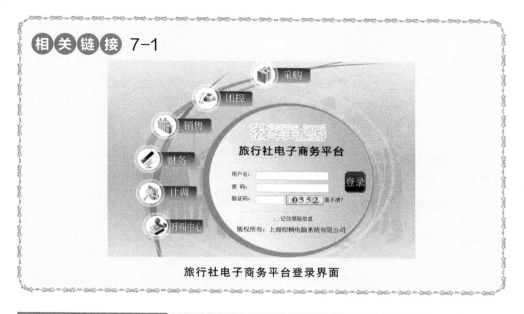

旅行社电子商务平台登录界面

任务实施

在线旅行社（Online Travel Agent，简称 OTA），是将原来传统的旅行社销售模式放到网络平台上，更广泛地传递线路信息，互动式的交流更方便旅游者的咨询和订购。旅行社电商平台运营岗位的主要职责如下。

① 负责 OTA 平台的网络营销推广及实施完成平台散拼任务。

② 与 OTA 平台日常联系、合作洽谈以及协议跟进，推动业绩增长，提升公司品牌。

③ 负责运营平台的日常维护、旅游产品的更新和优化，及时上线主推产品线路。

④ 具体负责线上产品线路售前咨询、售中服务、售后跟进等工作。

任务二

旅行社网络营销

任务引入

根据文化和旅游部部署，自 2018 年 7 月 1 日起，旅游电子合同签订在全国旅游监管服务平台全面推广应用。请问电子合同与传统纸质合同相比，具有哪些优点？从操作层面讲，如何保证旅游电子合同具有和纸质合同同等的法律效力？

任务分析

旅行社电子商务利用先进的网络信息技术实现旅行社商务活动各环节的电子化。市场方面，主要体现为从满足旅游者需求出发，开展网络营销、售前咨询、网上交易、网上支付、售后服务等。尤其是旅游电子合同的使用，节约了时间和成本，大大方便了旅游者和旅行社，成为我国未来旅游产业发展的必然趋势。

相关知识

一、旅游网络营销的含义

旅游网络营销，是旅游业通过互联网来组织旅游产品的生产、定价、促销和分销，从而实现组织目标的管理过程。旅游网络营销是现代营销理念与互联网技术相结合的营销方式，是企业整体营销战略的重要组成部分，也是旅游电子商务的主要模式。

二、我国旅行社网络营销的主要模式

1．"资产＋业务"模式

以中国旅行社（以下简称中旅）为代表。中旅以资产为纽带，以业务协同为基础，重构旅行社经营网络进行规模扩张。借助品牌优势和资金实力完成对国内重点区域旅行社的控股、重组和改制，形成以区域总部为中心、以资本为纽带、辐射全国的旅行社经营网络。

2．"资产＋直营连锁"模式

以中青旅控股股份有限公司（以下简称中青旅）为代表。其凭借资金和品牌实力，对原有系统旅行社经营网络进行改造，通过收购、兼并等方式加强了对地方青旅的控制，形成更加紧密的国内旅行社经营网络。2001年，中青旅在北京地区以直营连锁方式开设连锁店，使其经营网络向零售端有了实质性突破。

3．"控股与参股"模式

以中国康辉旅行社集团有限责任公司（以下简称康辉旅行社）为代表。康辉旅行社的网络建设开始于20世纪80年代，主要采取以品牌为基础的低成本扩张策略，吸收中小旅行社加盟康辉旅行社的经营网络。

4．"旅行社联合体"模式

以中国金桥旅游有限公司（以下简称金桥旅行社）为代表。金桥旅行社网络化起步晚，针对产权关系比较松散的联合体旅行社，要求联合体成员全国统一使用"金桥旅游"标志，产品统一、价格统一。

5. "IT 系统＋全资子公司"模式

以上海春秋旅行社为代表。上海春秋旅行社很早就认识到信息技术对旅行社的重要作用，早在 20 世纪中期便开始使用电脑实时预订系统，后建立起旅游电子商务网站，在全国主要旅游城市建立了全资分支机构，初步形成了线上和线下呼应的网络化经营体系，并不断吸引代理商加盟，形成了辐射全国的经营网络。

三、旅行社网络咨询

（一）网络咨询的基本概念

网络咨询是指在网上商业活动中，充分利用各种通信工具，并以网上即时通信工具为主的，为客户提供相关服务的形式。

这种服务形式对网络有较高的依赖性，所提供的服务一般包括客户答疑、促成订单、网站推广、完成销售、售后服务等方面。

（二）网络咨询的作用

网络咨询在旅行社网站的推广、产品的销售以及售后的客户维护方面均起着极其重要的作用，不可忽视。

1. 塑造旅行社网站形象

对于一个旅行社网站而言，客户看到的商品都是一张张的图片，既看不到商家本人，也看不到产品本身，无法了解各种实际情况，因此往往会产生距离感和怀疑。这个时候，网络咨询服务就显得尤为重要了。客户通过与网络咨询服务在网上的交流，可以逐步地了解旅行社的服务、态度以及其他。网络咨询服务的一个笑脸（表情符号）或者一声亲切的问候，都能让客户真实地感觉到他不是在跟冷冰冰的电脑和网络打交道，而是跟一个善解人意的人在沟通，这样会使客户放松戒备，从而在客户心目中逐步树立起旅行社网站的良好形象。

2. 提高成交率

现在很多客户都会在购买之前针对不太清楚的内容询问旅行社，或者询问优惠措施等。网络咨询服务在线能够随时回复客户的疑问，可以让客户及时了解需要的内容，从而立即达成交易。有时候，客户不一定对产品本身有什么疑问，仅仅是想确认一下商品是否与事实相符，这个时候一个在线的网络咨询服务就可以打消客户的很多顾虑，促成交易。同时，对于一个犹豫不决的客户，一个有着专业知识和良好的销售技巧的网络咨询服务，可以帮助买家选择合适的商品，促成客户的购买行为，从而提高成交率。有时候客户拍下商品，但是并不一定是着急要的，这个时候在线网络咨询服务可以及时跟进，通过向客户询问汇款方式等督促客户及时付款。

3. 提高客户回头率

当客户通过网络咨询服务，完成了一次良好的交易后，客户不仅了解了旅行社的服务态度，也对旅行社的商品、物流等有了切身的体会。当客户需要再次购买同样商品的时候，就会倾向于选择他所熟悉和了解的旅行社产品，从而提高了客户再次购买的概率。

4. 更好地服务客户

如果把网络咨询仅仅定位于和客户的网上交流则是不恰当的，这仅仅是服务客户的第一步。一个有着专业知识和良好沟通技巧的网络咨询服务，可以给客户提供更多的旅游线路建议，更完善地解答客户的疑问，更快速地对客户售后问题给予反馈，从而更好地服务于客户，才能获得更多的机会。

（三）网络咨询沟通技巧

1. 态度

（1）树立端正、积极的态度

树立端正、积极的态度对网络咨询人员来说尤为重要。尤其是当售出的产品出现问题的时候，不管是客户的错还是旅行社的问题，网络咨询人员都应该及时解决，不能回避、推卸责任。网络咨询人员应积极主动与客户进行沟通，尽快了解情况，尽量让客户觉得他是受尊重、受重视的，并尽快提出解决办法。在除了与客户之间的金钱交易之外，还应该让其感觉到购物的满足和乐趣。

（2）要有足够的耐心与热情

常常会有一些客户，喜欢打破砂锅问到底。这个时候就需要网络咨询人员有足够的耐心和热情，细心地回复，给客户一种信任感。千万不可表现出不耐烦，如果你的服务够好，即使这次生意不成也许下次还有机会。在彼此能够接受的范围内可以适当地退让一点，如果确实不行也应该婉转地回绝。

2. 表情

微笑是对客户最好的欢迎，也是工作成功的象征。所以当迎接客户时，哪怕只是一声轻轻的问候也要送上一个真诚的微笑。虽然说在网上与客户交流是看不见对方的，但只要你是微笑着的，言语之间对方是可以感受得到的。此外，多用些通信工具表情，也能收到很好的效果。无论哪一种表情都会将自己的情感讯号传达给对方。

3. 礼貌

礼貌对客，让客户真正感受到尊重。客户来了，先送上一句"欢迎光临，请多多关照"，或者"欢迎光临，请问有什么可以为您效劳的吗"，都会让人有一种十分亲切的感觉。对于彬彬有礼、文明礼貌的网络咨询人员，谁都不会把他拒之门外的。沟通过程中其实最关键的不是你说的话，而是你如何说话。多采用礼貌的态度、谦和的语气，就能顺利地与客户建立起良好的沟通。

4．语言

在语言的表达上，网络咨询人员应注意以下两点。

① 少用"我"字，多使用"您"或者"咱们"这样的字眼：让客户感觉我们在全心全意地为他们考虑问题。

② 常用规范用语，例如："请""欢迎光临""认识您很高兴""您好""请问""麻烦""请稍等""不好意思""非常抱歉""多谢支持"等。

网络咨询人员平时要注意修炼自己的内功，同样一件事不同的表达方式就会呈现出不同的意思。很多交易中的误会和纠纷就是因为语言表述不当而引起的。

四、旅游电子合同

近年来，随着我国旅游行业信息化进程加快，电子合同成为旅游行业提效增速、减少纠纷的重要一环。2017 年，全国范围内多省份的旅游城市全面推广普及旅游电子合同应用，电子合同替代传统纸质合同成为旅游行业发展创新的趋势。

（一）旅游电子合同的含义

由文化和旅游部组织建设的全国旅游监管服务平台，已于 2018 年 7 月 1 日在全国启用，旅游电子合同是该平台的重要组成部分。它是集预置统一的电子合同模板、填入信息可快速生成合同、保障签名者身份及文档防篡改、支持手绘签名、电子合同验真等功能于一体，免费签署的电子版旅游合同。

客户向旅行社报名，参加境内游、出境游、一日游等各类旅游团，或者委托旅行社代订代办机票、酒店、用车服务、导游服务、签证服务、其他服务等一项或者多项委托代办业务的，均需要签署旅游电子合同。

（二）旅游电子合同签订方法

在旅游部门正规注册的旅行社登录全国旅游监管服务平台，选择模板创建合同并在线签署后，发送到客户手机端，客户通过扫描二维码或短信链接查看并一键签署，即时生效。客户既可在旅行社的门店报名，面对面签署电子合同，也可以不到现场，异地签署。每份合同都有一个自动生成的"全国统一旅游电子合同编号"，客户可以登录全国旅游监管服务平台，输入编号进行验真。

（三）旅游电子合同的优点

1．电子合同内容完善

旅游合同示范文本、游客名单表、行程安排表、自费购物项目补充协议等内容，在电子合同中均有详细体现。客户在收到电子合同后，可以进行仔细阅读，确保已经知晓条款内容并确定没有异议后，再进行签署。

2. 电子合同签署便捷

电子合同突破了纸质合同在地域、时间、人员等方面的束缚，只要旅行社发起电子合同的签署，客户随时随地，一键签订，省时省力，方便快捷。

3. 电子合同安全有效

全国旅游监管服务平台基于《中华人民共和国合同法》《中华人民共和国电子签名法》，运用数字证书等技术，有效保障客户与旅游企业的信息和利益安全，并确保通过该平台签署的旅游电子合同具有完整法律效力。

4. 旅游者权益有保障

电子合同存储在客户的手机中，可以随时查看，如旅行社存在违约行为，客户可以及时维权。同时也大大方便了旅游部门对旅游企业的监督检查和投诉受理工作，维护客户的合法权益。

相关链接 7-2

快速完成在线签订！ 2018年9月起昆明旅行社启用电子合同

昆明市旅行社电子合同将于2018年9月1日全面启用。今后，游客只需点击、输入验证码，短短几分钟就能在手机上完成旅游电子合同的签订，并能便捷地随时查看。

即将启用的《昆明市旅游电子合同示范文本》（以下简称电子示范文本），由昆明市旅发委、市工商局根据《旅游法》及云南省旅发委、省工商局制定的2017年版《昆明市旅游合同示范文本》等法律、法规和文件制定，涵盖一日游电子合同、省内游电子合同、省外游电子合同、出境游电子合同、单项委托电子合同五个类别。

根据电子示范文本，旅行社在与旅游者签订电子合同时，必须明确该行程开始、结束时间及接待旅行社名称、行程中的接待标准；不得安排购物；必须明确该行程所产生的团费情况，不得在本合同之外，再收取任何其他费用；补充条款中必须明确其他相关费用及旅游者有无特殊要求等。同时，电子合同游客列表中，必须完整填写参团旅游者的身份证信息和联系方式。对旅行社来说，只有完整填写电子示范文本要求的所有内容，电子合同才能提交。

电子合同提交并生成后，游客将能收到一条确认短信，点击短信中的超链接可以看到详细的电子合同。游客审核确认合同内容无误，只需点击"签署合同"并输入验证码，就能在短短几分钟内完成电子合同的在线签订。经过实名认证且具有可靠电子签名的旅游电子合同，具有与纸质旅游合同相同的法律效力。

推行电子合同将在旅行社管理方面发挥重要作用，因为合同是旅行社经营最主要的一个环节，旅行社的任何产品都与合同密不可分。全面实施旅游电子合同后，在保障游客合法权益的同时，也进一步规范和保护企业经营行为，对规范旅游者与旅游经营者的合同关系、提升旅游服务质量等具有重要意义。

（资料来源：光明网，有删节）

项目七　旅行社电子商务

任务实施

与传统纸质旅游合同相比，旅游电子合同具有实时、规范、便捷、安全、唯一、环保等优势，为消费者提供了方便和安全保障。旅游电子合同满足"签署各方经过实名认证""具有可靠的电子签名"这两个条件后，具有与纸质旅游合同同等的法律效力。

项目实训

1. 登录当地大型旅行社网站，分析其旅游电子商务的特点并提出合理化建议，形成书面报告。

2. 利用所学知识，为自己选择一次假期出游，网上完成电子商务体验，并记录主要操作要点。

复习思考题

1. 旅行社电子商务的含义是什么？有哪些基本特征？
2. 旅行社电子商务的分类有哪些？
3. 旅行社网络咨询的作用有哪些？
4. 旅行社网络咨询有哪些沟通技巧？请举例说明。
5. 旅游电子合同的含义是什么？
6. 如何签订旅游电子合同？

附录1

旅行社条例

（2009年2月20日中华人民共和国国务院令第550号公布，根据2016年2月6日《国务院关于修改部分行政法规的决定》第一次修订，根据2017年3月1日《国务院关于修改和废止部分行政法规的决定》第二次修订。）

第一章 总 则

第一条 为了加强对旅行社的管理，保障旅游者和旅行社的合法权益，维护旅游市场秩序，促进旅游业的健康发展，制定本条例。

第二条 本条例适用于中华人民共和国境内旅行社的设立及经营活动。

本条例所称旅行社，是指从事招徕、组织、接待旅游者等活动，为旅游者提供相关旅游服务，开展国内旅游业务、入境旅游业务或者出境旅游业务的企业法人。

第三条 国务院旅游行政主管部门负责全国旅行社的监督管理工作。

县级以上地方人民政府管理旅游工作的部门按照职责负责本行政区域内旅行社的监督管理工作。

县级以上各级人民政府工商、价格、商务、外汇等有关部门，应当按照职责分工，依法对旅行社进行监督管理。

第四条 旅行社在经营活动中应当遵循自愿、平等、公平、诚信的原则，提高服务质量，维护旅游者的合法权益。

第五条 旅行社行业组织应当按照章程为旅行社提供服务，发挥协调和自律作用，引导旅行社合法、公平竞争和诚信经营。

第二章 旅行社的设立

第六条 申请经营国内旅游业务和入境旅游业务的，应当取得企业法人资格，并且注册资本不少于30万元。

第七条 申请经营国内旅游业务和入境旅游业务的，应当向所在地省、自治区、直辖市旅游行政管理部门或者其委托的设区的市级旅游行政管理部门提出申请，并提交符合本条例第六条规定的相关证明文件。受理申请的旅游行政管理部门应当自受理申请之日起20个工作日内作出许可或者不予许可的决定。予以许可的,向申请人颁发旅行社业务经营许可证;不予许可的,书面通知申请人并说明理由。

第八条 旅行社取得经营许可满两年,且未因侵害旅游者合法权益受到行政机关罚款以上处罚的,可以申请经营出境旅游业务。

第九条 申请经营出境旅游业务的,应当向国务院旅游行政主管部门或者其委托的省、自治区、直辖市旅游行政管理部门提出申请,受理申请的旅游行政管理部门应当自受理申请之日起20个工作日内作出许可或者不予许可的决定。予以许可的,向申请人换发旅行社业务经营许可证;不予许可的,书面通知申请人并说明理由。

第十条 旅行社设立分社的,应当向分社所在地的工商行政管理部门办理设立登记,并自设立登记之日起3个工作日内向分社所在地的旅游行政管理部门备案。

旅行社分社的设立不受地域限制。分社的经营范围不得超出设立分社的旅行社的经营范围。

第十一条 旅行社设立专门招徕旅游者、提供旅游咨询的服务网点(以下简称旅行社服务网点)应当依法向工商行政管理部门办理设立登记手续,并向所在地的旅游行政管理部门备案。

旅行社服务网点应当接受旅行社的统一管理,不得从事招徕、咨询以外的活动。

第十二条 旅行社变更名称、经营场所、法定代表人等登记事项或者终止经营的,应当到工商行政管理部门办理相应的变更登记或者注销登记,并在登记办理完毕之日起10个工作日内,向原许可的旅游行政管理部门备案,换领或者交回旅行社业务经营许可证。

第十三条 旅行社应当自取得旅行社业务经营许可证之日起3个工作日内,在国务院旅游行政主管部门指定的银行开设专门的质量保证金账户,存入质量保证金,或者向作出许可的旅游行政管理部门提交依法取得的担保额度不低于相应质量保证金数额的银行担保。

经营国内旅游业务和入境旅游业务的旅行社,应当存入质量保证金20万元;经营出境旅游业务的旅行社,应当增存质量保证金120万元。

质量保证金的利息属于旅行社所有。

第十四条 旅行社每设立一个经营国内旅游业务和入境旅游业务的分社,应当向其质量保证金账户增存5万元;每设立一个经营出境旅游业务的分社,应当向其质量保证金账户增存30万元。

第十五条 有下列情形之一的,旅游行政管理部门可以使用旅行社的质量保证金:

旅行社经营管理

（一）旅行社违反旅游合同约定，侵害旅游者合法权益，经旅游行政管理部门查证属实的；

（二）旅行社因解散、破产或者其他原因造成旅游者预交旅游费用损失的。

第十六条 人民法院判决、裁定及其他生效法律文书认定旅行社损害旅游者合法权益，旅行社拒绝或者无力赔偿的，人民法院可以从旅行社的质量保证金账户上划拨赔偿款。

第十七条 旅行社自交纳或者补足质量保证金之日起三年内未因侵害旅游者合法权益受到行政机关罚款以上处罚的，旅游行政管理部门应当将旅行社质量保证金的交存数额降低50%，并向社会公告。旅行社可凭省、自治区、直辖市旅游行政管理部门出具的凭证减少其质量保证金。

第十八条 旅行社在旅游行政管理部门使用质量保证金赔偿旅游者的损失，或者依法减少质量保证金后，因侵害旅游者合法权益受到行政机关罚款以上处罚的，应当在收到旅游行政管理部门补交质量保证金的通知之日起5个工作日内补足质量保证金。

第十九条 旅行社不再从事旅游业务的，凭旅游行政管理部门出具的凭证，向银行取回质量保证金。

第二十条 质量保证金存缴、使用的具体管理办法由国务院旅游行政主管部门和国务院财政部门会同有关部门另行制定。

第三章 外商投资旅行社

第二十一条 外商投资旅行社适用本章规定；本章没有规定的，适用本条例其他有关规定。

前款所称外商投资旅行社，包括中外合资经营旅行社、中外合作经营旅行社和外资旅行社。

第二十二条 外商投资企业申请经营旅行社业务，应当向所在地省、自治区、直辖市旅游行政管理部门提出申请，并提交符合本条例第六条规定条件的相关证明文件。省、自治区、直辖市旅游行政管理部门应当自受理申请之日起30个工作日内审查完毕。予以许可的，颁发旅行社业务经营许可证；不予许可的，书面通知申请人并说明理由。

设立外商投资旅行社，还应当遵守有关外商投资的法律、法规。

第二十三条 外商投资旅行社不得经营中国内地居民出国旅游业务以及赴香港特别行政区、澳门特别行政区和台湾地区旅游的业务，但是国务院决定或者我国签署的自由贸易协定和内地与香港、澳门关于建立更紧密经贸关系的安排另有规定的除外。

第四章 旅行社经营

第二十四条 旅行社向旅游者提供的旅游服务信息必须真实可靠，不得作虚假宣传。

第二十五条 经营出境旅游业务的旅行社不得组织旅游者到国务院旅游行政主管部门公布的中国公民出境旅游目的地之外的国家和地区旅游。

第二十六条 旅行社为旅游者安排或者介绍的旅游活动不得含有违反有关法律、法规规定的内容。

第二十七条 旅行社不得以低于旅游成本的报价招徕旅游者。未经旅游者同意，旅行社不得在旅游合同约定之外提供其他有偿服务。

第二十八条 旅行社为旅游者提供服务，应当与旅游者签订旅游合同并载明下列事项：

（一）旅行社的名称及其经营范围、地址、联系电话和旅行社业务经营许可证编号；

（二）旅行社经办人的姓名、联系电话；

（三）签约地点和日期；

（四）旅游行程的出发地、途经地和目的地；

（五）旅游行程中交通、住宿、餐饮服务安排及其标准；

（六）旅行社统一安排的游览项目的具体内容及时间；

（七）旅游者自由活动的时间和次数；

（八）旅游者应当交纳的旅游费用及交纳方式；

（九）旅行社安排的购物次数、停留时间及购物场所的名称；

（十）需要旅游者另行付费的游览项目及价格；

（十一）解除或者变更合同的条件和提前通知的期限；

（十二）违反合同的纠纷解决机制及应当承担的责任；

（十三）旅游服务监督、投诉电话；

（十四）双方协商一致的其他内容。

第二十九条 旅行社在与旅游者签订旅游合同时，应当对旅游合同的具体内容作出真实、准确、完整的说明。

旅行社和旅游者签订的旅游合同约定不明确或者对格式条款的理解发生争议的，应当按照通常理解予以解释；对格式条款有两种以上解释的，应当作出有利于旅游者的解释；格式条款和非格式条款不一致的，应当采用非格式条款。

第三十条 旅行社组织中国内地居民出境旅游的，应当为旅游团队安排领队全程陪同。

第三十一条 旅行社为接待旅游者委派的导游人员，应当持有国家规定的导游证。

取得出境旅游业务经营许可的旅行社为组织旅游者出境旅游委派的领队，应当取得导游证，具有相应的学历、语言能力和旅游从业经历，并与委派其从事领队业务的旅行社订立劳动合同。旅行社应当将本单位领队名单报所在地设区的市级旅游行政管理部门备案。

第三十二条 旅行社聘用导游人员、领队人员应当依法签订劳动合同，并向其支付不低于当地最低工资标准的报酬。

第三十三条 旅行社及其委派的导游人员和领队人员不得有下列行为：

（一）拒绝履行旅游合同约定的义务；

（二）非因不可抗力改变旅游合同安排的行程；

（三）欺骗、胁迫旅游者购物或者参加需要另行付费的游览项目。

第三十四条 旅行社不得要求导游人员和领队人员接待不支付接待和服务费用或者支付的费用低于接待和服务成本的旅游团队，不得要求导游人员和领队人员承担接待旅游团队的相关费用。

第三十五条 旅行社违反旅游合同约定，造成旅游者合法权益受到损害的，应当采取必要的补救措施，并及时报告旅游行政管理部门。

第三十六条 旅行社需要对旅游业务作出委托的，应当委托给具有相应资质的旅行社，征得旅游者的同意，并与接受委托的旅行社就接待旅游者的事宜签订委托合同，确定接待旅游者的各项服务安排及其标准，约定双方的权利、义务。

第三十七条 旅行社将旅游业务委托给其他旅行社的，应当向接受委托的旅行社支付不低于接待和服务成本的费用；接受委托的旅行社不得接待不支付或者不足额支付接待和服务费用的旅游团队。

接受委托的旅行社违约，造成旅游者合法权益受到损害的，作出委托的旅行社应当承担相应的赔偿责任。作出委托的旅行社赔偿后，可以向接受委托的旅行社追偿。

接受委托的旅行社故意或者重大过失造成旅游者合法权益损害的，应当承担连带责任。

第三十八条 旅行社应当投保旅行社责任险。旅行社责任险的具体方案由国务院旅游行政主管部门会同国务院保险监督管理机构另行制定。

第三十九条 旅行社对可能危及旅游者人身、财产安全的事项，应当向旅游者作出真实的说明和明确的警示，并采取防止危害发生的必要措施。

发生危及旅游者人身安全的情形的，旅行社及其委派的导游人员、领队人员应当采取必要的处置措施并及时报告旅游行政管理部门；在境外发生的，还应当及时报告中华人民共和国驻该国使领馆、相关驻外机构、当地警方。

第四十条 旅游者在境外滞留不归的，旅行社委派的领队人员应当及时向旅行社和中华人民共和国驻该国使领馆、相关驻外机构报告。旅行社接到报告后应当及时向旅游行政管理部门和公安机关报告，并协助提供非法滞留者的信息。

旅行社接待入境旅游发生旅游者非法滞留我国境内的，应当及时向旅游行政管理部门、公安机关和外事部门报告，并协助提供非法滞留者的信息。

第五章 监督检查

第四十一条 旅游、工商、价格、商务、外汇等有关部门应当依法加强对旅行社的监督管理，发现违法行为，应当及时予以处理。

第四十二条 旅游、工商、价格等行政管理部门应当及时向社会公告监督检查的情况。公告的内容包括旅行社业务经营许可证的颁发、变更、吊销、注销情况，旅行社的违法经营行为以及旅行社的诚信记录、旅游者投诉信息等。

第四十三条 旅行社损害旅游者合法权益的，旅游者可以向旅游行政管理部门、工商行政管理部门、价格主管部门、商务主管部门或者外汇管理部门投诉，接到投诉的部门应当按照其职责权限及时调查处理，并将调查处理的有关情况告知旅游者。

第四十四条 旅行社及其分社应当接受旅游行政管理部门对其旅游合同、服务质量、旅游安全、财务账簿等情况的监督检查，并按照国家有关规定向旅游行政管理部门报送经营和财务信息等统计资料。

第四十五条 旅游、工商、价格、商务、外汇等有关部门工作人员不得接受旅行社的任何馈赠，不得参加由旅行社支付费用的购物活动或者游览项目，不得通过旅行社为自己、亲友或者其他个人、组织牟取私利。

第六章 法律责任

第四十六条 违反本条例的规定，有下列情形之一的，由旅游行政管理部门或者工商行政管理部门责令改正，没收违法所得，违法所得10万元以上的，并处违法所得1倍以上5倍以下的罚款；违法所得不足10万元或者没有违法所得的，并处10万元以上50万元以下的罚款：

（一）未取得相应的旅行社业务经营许可，经营国内旅游业务、入境旅游业务、出境旅游业务的；

（二）分社超出设立分社的旅行社的经营范围经营旅游业务的；

（三）旅行社服务网点从事招徕、咨询以外的旅行社业务经营活动的。

第四十七条 旅行社转让、出租、出借旅行社业务经营许可证的，由旅游行政管理部门责令停业整顿1个月至3个月，并没收违法所得；情节严重的，吊销旅行社业务经营许可证。受让或者租借旅行社业务经营许可证的，由旅游行政管理部门责令停止非法经营，没收违法所得，并处10万元以上50万元以下的罚款。

第四十八条 违反本条例的规定，旅行社未在规定期限内向其质量保证金账户存入、增存、补足质量保证金或者提交相应的银行担保的，由旅游行政管理部门责令改正；拒不改正的，吊销旅行社业务经营许可证。

第四十九条 违反本条例的规定，旅行社不投保旅行社责任险的，由旅游行政管理部门责令改正；拒不改正的，吊销旅行社业务经营许可证。

第五十条 违反本条例的规定，旅行社有下列情形之一的，由旅游行政管理部门责令改正；拒不改正的，处1万元以下的罚款：

（一）变更名称、经营场所、法定代表人等登记事项或者终止经营，未在规定期限内向原许可的旅游行政管理部门备案，换领或者交回旅行社业务经营许可证的；

（二）设立分社未在规定期限内向分社所在地旅游行政管理部门备案的；

（三）不按照国家有关规定向旅游行政管理部门报送经营和财务信息等统计资料的。

第五十一条 违反本条例的规定，外商投资旅行社经营中国内地居民出国旅游业务以及赴香港特别行政区、澳门特别行政区和台湾地区旅游业务，或者经营出境旅游业务的旅行社组织旅游者到国务院旅游行政主管部门公布的中国公民出境旅游目的地之外的国家和地区旅游的，由旅游行政管理部门责令改正，没收违法所得，违法所得10万元以上的，并处违法所得1倍以上5倍以下的罚款；违法所得不足10万元或者没有违法所得的，并处10万元以上50万元以下的罚款；情节严重的，吊销旅行社业务经营许可证。

第五十二条 违反本条例的规定，旅行社为旅游者安排或者介绍的旅游活动含有违反有关法律、法规规定的内容的，由旅游行政管理部门责令改正，没收违法所得，并处2万元以上10万元以下的罚款；情节严重的，吊销旅行社业务经营许可证。

第五十三条 违反本条例的规定，旅行社向旅游者提供的旅游服务信息含有虚假内容或者作虚假宣传的，由工商行政管理部门依法给予处罚。

违反本条例的规定，旅行社以低于旅游成本的报价招徕旅游者的，由价格主管部门依法给予处罚。

第五十四条 违反本条例的规定，旅行社未经旅游者同意在旅游合同约定之外提供其他有偿服务的，由旅游行政管理部门责令改正，处1万元以上5万元以下的罚款。

第五十五条 违反本条例的规定，旅行社有下列情形之一的，由旅游行政管理部门责令改正，处2万元以上10万元以下的罚款；情节严重的，责令停业整顿1个月至3个月：

（一）未与旅游者签订旅游合同；

（二）与旅游者签订的旅游合同未载明本条例第二十八条规定的事项；

（三）未取得旅游者同意，将旅游业务委托给其他旅行社的；

（四）将旅游业务委托给不具有相应资质的旅行社；

（五）未与接受委托的旅行社就接待旅游者的事宜签订委托合同。

第五十六条 违反本条例的规定，旅行社组织中国内地居民出境旅游，不为旅游团队安排领队全程陪同的，由旅游行政管理部门责令改正，处1万元以上5万元以下的罚款；拒不改正的，责令停业整顿1个月至3个月。

第五十七条 违反本条例的规定，旅行社委派的导游人员未持有国家规定的导游证或者委派的领队人员不具备规定的领队条件的，由旅游行政管理部门责令改正，对旅行社处2万元以上10万元以下的罚款。

第五十八条 违反本条例的规定，旅行社不向其聘用的导游人员、领队人员支付报酬，或者所支付的报酬低于当地最低工资标准的，按照《中华人民共和国劳动合同法》的有关规定处理。

第五十九条 违反本条例的规定，有下列情形之一的，对旅行社，由旅游行政管理部门或者工商行政管理部门责令改正，处10万元以上50万元以下的罚款；对导游人员、领队人员，由旅游行政管理部门责令改正，处1万元以上5万元以下的罚款；情节严重的，吊销旅行社业务经营许可证、导游证：

（一）拒不履行旅游合同约定的义务的；

（二）非因不可抗力改变旅游合同安排的行程的；

（三）欺骗、胁迫旅游者购物或者参加需要另行付费的游览项目的。

第六十条 违反本条例的规定，旅行社要求导游人员和领队人员接待不支付接待和服务费用、支付的费用低于接待和服务成本的旅游团队，或者要求导游人员和领队人员承担接待旅游团队的相关费用的，由旅游行政管理部门责令改正，处2万元以上10万元以下的罚款。

第六十一条 旅行社违反旅游合同约定，造成旅游者合法权益受到损害，不采取必要的补救措施的，由旅游行政管理部门或者工商行政管理部门责令改正，处1万元以上5万元以下的罚款；情节严重的，由旅游行政管理部门吊销旅行社业务经营许可证。

第六十二条 违反本条例的规定，有下列情形之一的，由旅游行政管理部门责令改正，停业整顿1个月至3个月；情节严重的，吊销旅行社业务经营许可证：

（一）旅行社不向接受委托的旅行社支付接待和服务费用的；

（二）旅行社向接受委托的旅行社支付的费用低于接待和服务成本的；

（三）接受委托的旅行社接待不支付或者不足额支付接待和服务费用的旅游团队的。

第六十三条 违反本条例的规定，旅行社及其委派的导游人员、领队人员有下列情形之一的，由旅游行政管理部门责令改正，对旅行社处2万元以上10万元以下的罚款；对导游人员、领队人员处4000元以上2万元以下的罚款；情节严重的，责令旅行社停业整顿1个月至3个月，或者吊销旅行社业务经营许可证、导游证：

（一）发生危及旅游者人身安全的情形，未采取必要的处置措施并及时报告的；

（二）旅行社组织出境旅游的旅游者非法滞留境外，旅行社未及时报告并协助提供非法滞留者信息的；

（三）旅行社接待入境旅游的旅游者非法滞留境内，旅行社未及时报告并协助提供非法滞留者信息的。

第六十四条 因妨害国（边）境管理受到刑事处罚的，在刑罚执行完毕之日起五年内不得从事旅行社业务经营活动；旅行社被吊销旅行社业务经营许可的，其主要负责人在旅行社业务经营许可被吊销之日起五年内不得担任任何旅行社的主要负责人。

第六十五条 旅行社违反本条例的规定，损害旅游者合法权益的，应当承担相应的民事责任；构成犯罪的，依法追究刑事责任。

第六十六条 违反本条例的规定，旅游行政管理部门或者其他有关部门及其工作人员有下列情形之一的，对直接负责的主管人员和其他直接责任人员依法给予处分：

（一）发现违法行为不及时予以处理的；

（二）未及时公告对旅行社的监督检查情况的；

（三）未及时处理旅游者投诉并将调查处理的有关情况告知旅游者的；

（四）接受旅行社的馈赠的；

（五）参加由旅行社支付费用的购物活动或者游览项目的；

（六）通过旅行社为自己、亲友或者其他个人、组织牟取私利的。

第七章　附　则

第六十七条 香港特别行政区、澳门特别行政区和台湾地区的投资者在内地投资设立的旅行社，参照适用本条例。

第六十八条 本条例自 2009 年 5 月 1 日起施行。1996 年 10 月 15 日国务院发布的《旅行社管理条例》同时废止。

附录2

旅行社条例实施细则

（2009年4月3日国家旅游局令第30号公布，自2009年5月3日起施行。根据2016年12月12日国家旅游局令第42号公布施行的《国家旅游局关于修改〈旅行社条例实施细则〉和废止〈出境旅游领队人员管理办法〉的决定》修改。）

第一章 总 则

第一条 根据《旅行社条例》（以下简称《条例》），制定本实施细则。

第二条 《条例》第二条所称招徕、组织、接待旅游者提供的相关旅游服务，主要包括：

（一）安排交通服务；

（二）安排住宿服务；

（三）安排餐饮服务；

（四）安排观光游览、休闲度假等服务；

（五）导游、领队服务；

（六）旅游咨询、旅游活动设计服务。

旅行社还可以接受委托，提供下列旅游服务：

（一）接受旅游者的委托，代订交通客票、代订住宿和代办出境、入境、签证手续等；

（二）接受机关、事业单位和社会团体的委托，为其差旅、考察、会议、展览等公务活动，代办交通、住宿、餐饮、会务等事务；

（三）接受企业委托，为其各类商务活动、奖励旅游等，代办交通、住宿、餐饮、会务、观光游览、休闲度假等事务；

（四）其他旅游服务。

前款所列出境、签证手续等服务，应当由具备出境旅游业务经营权的旅行社代办。

第三条 《条例》第二条所称国内旅游业务，是指旅行社招徕、组织和接待中国内地居民在境内旅游的业务。

《条例》第二条所称入境旅游业务，是指旅行社招徕、组织、接待外国旅游者来我国旅游，香港特别行政区、澳门特别行政区旅游者来内地旅游，台湾地区居民来大陆旅游，以及招徕、组织、接待在中国内地的外国人、在内地的香港特别行政区、澳门特别行政区居民和在大陆的台湾地区居民在境内旅游的业务。

《条例》第二条所称出境旅游业务，是指旅行社招徕、组织、接待中国内地居民出国旅游，赴香港特别行政区、澳门特别行政区和台湾地区旅游，以及招徕、组织、接待在中国内地的外国人、在内地的香港特别行政区、澳门特别行政区居民和在大陆的台湾地区居民出境旅游的业务。

第四条 对旅行社及其分支机构的监督管理，县级以上旅游行政管理部门应当按照《条例》、本细则的规定和职责，实行分级管理和属地管理。

第五条 鼓励旅行社实行服务质量等级制度；鼓励旅行社向专业化、网络化、品牌化发展。

第二章　旅行社的设立与变更

第六条 旅行社的经营场所应当符合下列要求：

（一）申请者拥有产权的营业用房，或者申请者租用的、租期不少于1年的营业用房；

（二）营业用房应当满足申请者业务经营的需要。

第七条 旅行社的营业设施应当至少包括下列设施、设备：

（一）2部以上的直线固定电话；

（二）传真机、复印机；

（三）具备与旅游行政管理部门及其他旅游经营者联网条件的计算机。

第八条 申请设立旅行社，经营国内旅游业务和入境旅游业务的，应当向省、自治区、直辖市旅游行政管理部门（简称省级旅游行政管理部门，下同）提交下列文件：

（一）设立申请书。内容包括申请设立的旅行社的中英文名称及英文缩写，设立地址，企业形式、出资人、出资额和出资方式，申请人、受理申请部门的全称、申请书名称和申请的时间；

（二）法定代表人履历表及身份证明；

（三）企业章程；

（四）经营场所的证明；

（五）营业设施、设备的证明或者说明；

（六）工商行政管理部门出具的《企业法人营业执照》。

旅游行政管理部门应当根据《条例》第六条规定的最低注册资本限额要求，通过查看企业章程、在企业信用信息公示系统查询等方式，对旅行社认缴的出资额进行审查。

旅行社经营国内旅游业务和入境旅游业务的，《企业法人营业执照》的经营范围不得包括边境旅游业务、出境旅游业务；包括相关业务的，旅游行政管理部门应当告知申请人变更经营范围；申请人不予变更的，依法不予受理行政许可申请。

省级旅游行政管理部门可以委托设区的市（含州、盟，下同）级旅游行政管理部门，受理当事人的申请并作出许可或者不予许可的决定。

第九条 受理申请的旅游行政管理部门可以对申请人的经营场所、营业设施、设备进行现场检查，或者委托下级旅游行政管理部门检查。

第十条 旅行社申请出境旅游业务的，应当向国务院旅游行政主管部门提交经营旅行社业务满2年、且连续2年未因侵害旅游者合法权益受到行政机关罚款以上处罚的承诺书和经工商行政管理部门变更经营范围的《企业法人营业执照》。

旅行社取得出境旅游经营业务许可的，由国务院旅游行政主管部门换发旅行社业务经营许可证。

国务院旅游行政主管部门可以委托省级旅游行政管理部门受理旅行社经营出境旅游业务的申请，并作出许可或者不予许可的决定。

旅行社申请经营边境旅游业务的，适用《边境旅游暂行管理办法》的规定。

旅行社申请经营赴台湾地区旅游业务的，适用《大陆居民赴台湾地区旅游管理办法》的规定。

第十一条 旅行社因业务经营需要，可以向原许可的旅游行政管理部门申请核发旅行社业务经营许可证副本。

旅行社业务经营许可证及副本，由国务院旅游行政主管部门制定统一样式，国务院旅游行政主管部门和省级旅游行政管理部门分别印制。

旅行社业务经营许可证及副本损毁或者遗失的，旅行社应当向原许可的旅游行政管理部门申请换发或者补发。

申请补发旅行社业务经营许可证及副本的，旅行社应当通过本省、自治区、直辖市范围内公开发行的报刊，或者省级以上旅游行政管理部门网站，刊登损毁或者遗失作废声明。

第十二条 旅行社名称、经营场所、出资人、法定代表人等登记事项变更的，应当在办理变更登记后，持已变更的《企业法人营业执照》向原许可的旅游行政管理部门备案。

旅行社终止经营的，应当在办理注销手续后，持工商行政管理部门出具的注销文件，向原许可的旅游行政管理部门备案。

外商投资旅行社的，适用《条例》第三章的规定。未经批准，旅行社不得引进外商投资。

第十三条 国务院旅游行政主管部门指定的作为旅行社存入质量保证金的商业银行，应当提交具有下列内容的书面承诺：

旅行社经营管理

（一）同意与存入质量保证金的旅行社签订符合本实施细则第十五条规定的协议；

（二）当县级以上旅游行政管理部门或者人民法院依据《条例》规定，划拨质量保证金后 3 个工作日内，将划拨情况及其数额，通知旅行社所在地的省级旅游行政管理部门，并提供县级以上旅游行政管理部门出具的划拨文件或者人民法院生效法律文书的复印件；

（三）非因《条例》规定的情形，出现质量保证金减少时，承担补足义务。

旅行社应当在国务院旅游行政主管部门指定银行的范围内，选择存入质量保证金的银行。

第十四条　旅行社在银行存入质量保证金的，应当设立独立账户，存期由旅行社确定，但不得少于 1 年。账户存期届满 1 个月前，旅行社应当办理续存手续或者提交银行担保。

第十五条　旅行社存入、续存、增存质量保证金后 7 个工作日内，应当向作出许可的旅游行政管理部门提交存入、续存、增存质量保证金的证明文件，以及旅行社与银行达成的使用质量保证金的协议。

前款协议应当包含下列内容：

（一）旅行社与银行双方同意依照《条例》规定使用质量保证金；

（二）旅行社与银行双方承诺，除依照县级以上旅游行政管理部门出具的划拨质量保证金，或者省级以上旅游行政管理部门出具的降低、退还质量保证金的文件，以及人民法院作出的认定旅行社损害旅游者合法权益的生效法律文书外，任何单位和个人不得动用质量保证金。

第十六条　旅行社符合《条例》第十七条降低质量保证金数额规定条件的，原许可的旅游行政管理部门应当根据旅行社的要求，在 10 个工作日内向其出具降低质量保证金数额的文件。

第十七条　旅行社按照《条例》第十八条规定补足质量保证金后 7 个工作日内，应当向原许可的旅游行政管理部门提交补足的证明文件。

第三章　旅行社的分支机构

第十八条　旅行社分社（简称分社，下同）及旅行社服务网点（简称服务网点，下同），不具有法人资格，以设立分社、服务网点的旅行社（简称设立社，下同）的名义从事《条例》规定的经营活动，其经营活动的责任和后果，由设立社承担。

第十九条　设立社向分社所在地工商行政管理部门办理分社设立登记后，应当持下列文件向分社所在地与工商登记同级的旅游行政管理部门备案：

（一）分社的《营业执照》；

（二）分社经理的履历表和身份证明；

（三）增存质量保证金的证明文件。

没有同级的旅游行政管理部门的，向上一级旅游行政管理部门备案。

第二十条 分社的经营场所、营业设施、设备，应当符合本实施细则第六条、第七条规定的要求。

分社的名称中应当包含设立社名称、分社所在地地名和"分社"或者"分公司"字样。

第二十一条 服务网点是指旅行社设立的，为旅行社招徕旅游者，并以旅行社的名义与旅游者签订旅游合同的门市部等机构。

设立社可以在其所在地的省、自治区、直辖市行政区划内设立服务网点；设立社在其所在地的省、自治区、直辖市行政区划外设立分社的，可以在该分社所在地设区的市的行政区划内设立服务网点。分社不得设立服务网点。

设立社不得在前款规定的区域范围外，设立服务网点。

第二十二条 服务网点应当设在方便旅游者认识和出入的公众场所。

服务网点的名称、标牌应当包括设立社名称、服务网点所在地地名等，不得含有使消费者误解为是旅行社或者分社的内容，也不得作易使消费者误解的简称。

服务网点应当在设立社的经营范围内，招徕旅游者、提供旅游咨询服务。

第二十三条 设立社向服务网点所在地工商行政管理部门办理服务网点设立登记后，应当在3个工作日内，持下列文件向服务网点所在地与工商登记同级的旅游行政管理部门备案：

（一）服务网点的《营业执照》；

（二）服务网点经理的履历表和身份证明。

没有同级的旅游行政管理部门的，向上一级旅游行政管理部门备案。

第二十四条 分社、服务网点备案后，受理备案的旅游行政管理部门应当向旅行社颁发《旅行社分社备案登记证明》或者《旅行社服务网点备案登记证明》。

第二十五条 设立社应当与分社、服务网点的员工，订立劳动合同。

设立社应当加强对分社和服务网点的管理，对分社实行统一的人事、财务、招徕、接待制度规范，对服务网点实行统一管理、统一财务、统一招徕和统一咨询服务规范。

第四章 旅行社经营规范

第二十六条 旅行社及其分社、服务网点，应当将《旅行社业务经营许可证》、《旅行社分社备案登记证明》或者《旅行社服务网点备案登记证明》，与营业执照一起，悬挂在经营场所的显要位置。

第二十七条 旅行社业务经营许可证不得转让、出租或者出借。

旅行社的下列行为属于转让、出租或者出借旅行社业务经营许可证的行为：

旅行社经营管理

（一）除招徕旅游者和符合本实施细则第四十条第一款规定的接待旅游者的情形外，准许或者默许其他企业、团体或者个人，以自己的名义从事旅行社业务经营活动的；

（二）准许其他企业、团体或者个人，以部门或者个人承包、挂靠的形式经营旅行社业务的。

第二十八条　旅行社设立的办事处、代表处或者联络处等办事机构，不得从事旅行社业务经营活动。

第二十九条　旅行社以互联网形式经营旅行社业务的，除符合法律、法规规定外，其网站首页应当载明旅行社的名称、法定代表人、许可证编号和业务经营范围，以及原许可的旅游行政管理部门的投诉电话。

第三十条　《条例》第二十六条规定的旅行社不得安排的活动，主要包括：

（一）含有损害国家利益和民族尊严内容的；

（二）含有民族、种族、宗教歧视内容的；

（三）含有淫秽、赌博、涉毒内容的；

（四）其他含有违反法律、法规规定内容的。

第三十一条　旅行社为组织旅游者出境旅游委派的领队，应当具备下列条件：

（一）取得导游证；

（二）具有大专以上学历；

（三）取得相关语言水平测试等级证书或通过外语语种导游资格考试，但为赴港澳台地区旅游委派的领队除外；

（四）具有2年以上旅行社业务经营、管理或者导游等相关从业经历；

（五）与委派其从事领队业务的取得出境旅游业务经营许可的旅行社订立劳动合同。

赴台旅游领队还应当符合《大陆居民赴台湾地区旅游管理办法》规定的要求。

第三十二条　旅行社应当将本单位领队信息及变更情况，报所在地设区的市级旅游行政管理部门备案。领队备案信息包括：身份信息、导游证号、学历、语种、语言等级（外语导游）、从业经历、所在旅行社、旅行社社会保险登记证号等。

第三十三条　领队从事领队业务，应当接受与其订立劳动合同的取得出境旅游业务许可的旅行社委派，并携带导游证、佩戴导游身份标识。

第三十四条　领队应当协助旅游者办理出入境手续，协调、监督境外地接社及从业人员履行合同，维护旅游者的合法权益。

第三十五条　不具备领队条件的，不得从事领队业务。

领队不得委托他人代为提供领队服务。

第三十六条 旅行社委派的领队，应当掌握相关旅游目的地国家（地区）语言或者英语。

第三十七条 《条例》第三十四条所规定的旅行社不得要求导游人员和领队人员承担接待旅游团队的相关费用，主要包括：

（一）垫付旅游接待费用；

（二）为接待旅游团队向旅行社支付费用；

（三）其他不合理费用。

第三十八条 旅行社招徕、组织、接待旅游者，其选择的交通、住宿、餐饮、景区等企业，应当符合具有合法经营资格和接待服务能力的要求。

第三十九条 在签订旅游合同时，旅行社不得要求旅游者必须参加旅行社安排的购物活动或者需要旅游者另行付费的旅游项目。

同一旅游团队中，旅行社不得由于下列因素，提出与其他旅游者不同的合同事项：

（一）旅游者拒绝参加旅行社安排的购物活动或者需要旅游者另行付费的旅游项目的；

（二）旅游者存在的年龄或者职业上的差异。但旅行社提供了与其他旅游者相比更多的服务，或者旅游者主动要求的除外。

第四十条 旅行社需要将在旅游目的地接待旅游者的业务作出委托的，应当按照《条例》第三十六条的规定，委托给旅游目的地的旅行社并签订委托接待合同。

旅行社对接待旅游者的业务作出委托的，应当按照《条例》第三十六条的规定，将旅游目的地接受委托的旅行社的名称、地址、联系人和联系电话，告知旅游者。

第四十一条 旅游行程开始前，当发生约定的解除旅游合同的情形时，经征得旅游者的同意，旅行社可以将旅游者推荐给其他旅行社组织、接待，并由旅游者与被推荐的旅行社签订旅游合同。

未经旅游者同意的，旅行社不得将旅游者转交给其他旅行社组织、接待。

第四十二条 旅行社及其委派的导游人员和领队人员的下列行为，属于擅自改变旅游合同安排行程：

（一）减少游览项目或者缩短游览时间的；

（二）增加或者变更旅游项目的；

（三）增加购物次数或者延长购物时间的；

（四）其他擅自改变旅游合同安排的行为。

第四十三条 在旅游行程中，当发生不可抗力、危及旅游者人身、财产安全，或者非旅行社责任造成的意外情形，旅行社不得不调整或者变更旅游合同约定的行程安排时，应当在事前向旅游者作出说明；确因客观情况无法在事前说明的，应当在事后作出说明。

第四十四条 在旅游行程中，旅游者有权拒绝参加旅行社在旅游合同之外安排的购物活动或者需要旅游者另行付费的旅游项目。

旅行社及其委派的导游人员和领队人员不得因旅游者拒绝参加旅行社安排的购物活动或者需要旅游者另行付费的旅游项目等情形，以任何借口、理由，拒绝继续履行合同、提供服务，或者以拒绝继续履行合同、提供服务相威胁。

第四十五条 旅行社及其委派的导游人员、领队人员，应当对其提供的服务可能危及旅游者人身、财物安全的事项，向旅游者作出真实的说明和明确的警示。

在旅游行程中的自由活动时间，旅游者应当选择自己能够控制风险的活动项目，并在自己能够控制风险的范围内活动。

第四十六条 为减少自然灾害等意外风险给旅游者带来的损害，旅行社在招徕、接待旅游者时，可以提示旅游者购买旅游意外保险。

鼓励旅行社依法取得保险代理资格，并接受保险公司的委托，为旅游者提供购买人身意外伤害保险的服务。

第四十七条 发生出境旅游者非法滞留境外或者入境旅游者非法滞留境内的，旅行社应当立即向所在地县级以上旅游行政管理部门、公安机关和外事部门报告。

第四十八条 在旅游行程中，旅行社及其委派的导游人员、领队人员应当提示旅游者遵守文明旅游公约和礼仪。

第四十九条 旅行社及其委派的导游人员、领队人员在经营、服务中享有下列权利：

（一）要求旅游者如实提供旅游所必需的个人信息，按时提交相关证明文件；

（二）要求旅游者遵守旅游合同约定的旅游行程安排，妥善保管随身物品；

（三）出现突发公共事件或者其他危急情形，以及旅行社因违反旅游合同约定采取补救措施时，要求旅游者配合处理防止扩大损失，以将损失降低到最低程度；

（四）拒绝旅游者提出的超出旅游合同约定的不合理要求；

（五）制止旅游者违背旅游目的地的法律、风俗习惯的言行。

第五十条 旅行社应当妥善保存《条例》规定的招徕、组织、接待旅游者的各类合同及相关文件、资料，以备县级以上旅游行政管理部门核查。

前款所称的合同及文件、资料的保存期，应当不少于 2 年。

旅行社不得向其他经营者或者个人，泄露旅游者因签订旅游合同提供的个人信息；超过保存期限的旅游者个人信息资料，应当妥善销毁。

第五章 监督检查

第五十一条 根据《条例》和本实施细则规定，受理旅行社申请或者备案的旅游行政管理部门，可以要求申请人或者旅行社，对申请设立旅行社、办理《条例》规定的备案时提交的证明文件、材料的原件，提供复印件并盖章确认，交由旅游行政管理部门留存。

第五十二条 县级以上旅游行政管理部门对旅行社及其分支机构实施监督检查时，可以进入其经营场所，查阅招徕、组织、接待旅游者的各类合同、相关文件、资料，以及财务账簿、交易记录和业务单据等材料，旅行社及其分支机构应当给予配合。

县级以上旅游行政管理部门对旅行社及其分支机构监督检查时，应当由两名以上持有旅游行政执法证件的执法人员进行。

不符合前款规定要求的，旅行社及其分支机构有权拒绝检查。

第五十三条 旅行社应当按年度将下列经营和财务信息等统计资料，在次年4月15日前，报送原许可的旅游行政管理部门：

（一）旅行社的基本情况，包括企业形式、出资人、员工人数、部门设置、分支机构、网络体系等；

（二）旅行社的经营情况，包括营业收入、利税等；

（三）旅行社组织接待情况，包括国内旅游、入境旅游、出境旅游的组织、接待人数等；

（四）旅行社安全、质量、信誉情况，包括投保旅行社责任保险、认证认可和奖惩等。

对前款资料中涉及旅行社商业秘密的内容，旅游行政管理部门应当予以保密。

第五十四条 《条例》第十七条、第四十二条规定的各项公告，县级以上旅游行政管理部门应当通过本部门或者上级旅游行政管理部门的政府网站向社会发布。

质量保证金存缴数额降低、旅行社业务经营许可证的颁发、变更和注销的，国务院旅游行政主管部门或者省级旅游行政管理部门应当在作出许可决定或者备案后20个工作日内向社会公告。

旅行社违法经营或者被吊销旅行社业务经营许可证的，由作出行政处罚决定的旅游行政管理部门，在处罚生效后10个工作日内向社会公告。

旅游者对旅行社的投诉信息，由处理投诉的旅游行政管理部门每季度向社会公告。

第五十五条 因下列情形之一，给旅游者的合法权益造成损害的，旅游者有权向县级以上旅游行政管理部门投诉：

（一）旅行社违反《条例》和本实施细则规定的；

（二）旅行社提供的服务，未达到旅游合同约定的服务标准或者档次的；

（三）旅行社破产或者其他原因造成旅游者预交旅游费用损失的。

划拨旅行社质量保证金的决定，应当由旅行社或者其分社所在地处理旅游者投诉的县级以上旅游行政管理部门作出。

第五十六条 县级以上旅游行政管理部门，可以在其法定权限内，委托符合法定条件的同级旅游质监执法机构实施监督检查。

第六章　法律责任

第五十七条 违反本实施细则第十二条第三款、第二十三条、第二十六条的规定，擅自引进外商投资、设立服务网点未在规定期限内备案，或者旅行社及其分社、服务网点未悬挂旅行社业务经营许可证、备案登记证明的，由县级以上旅游行政管理部门责令改正，可以处1万元以下的罚款。

第五十八条 违反本实施细则第二十二条第三款、第二十八条的规定，服务网点超出设立社经营范围招徕旅游者、提供旅游咨询服务，或者旅行社的办事处、联络处、代表处等从事旅行社业务经营活动的，由县级以上旅游行政管理部门依照《条例》第四十六条的规定处罚。

第五十九条 违反本实施细则第三十五条第二款的规定，领队委托他人代为提供领队服务，由县级以上旅游行政管理部门责令改正，可以处1万元以下的罚款。

第六十条 违反本实施细则第三十八条的规定，旅行社为接待旅游者选择的交通、住宿、餐饮、景区等企业，不具有合法经营资格或者接待服务能力的，由县级以上旅游行政管理部门责令改正，没收违法所得，处违法所得3倍以下但最高不超过3万元的罚款，没有违法所得的，处1万元以下的罚款。

第六十一条 违反本实施细则第三十九条的规定，要求旅游者必须参加旅行社安排的购物活动、需要旅游者另行付费的旅游项目，或者对同一旅游团队的旅游者提出与其他旅游者不同合同事项的，由县级以上旅游行政管理部门责令改正，处1万元以下的罚款。

第六十二条 违反本实施细则第四十条第二款的规定，旅行社未将旅游目的地接待旅行社的情况告知旅游者的，由县级以上旅游行政管理部门依照《条例》第五十五条的规定处罚。

第六十三条 违反本实施细则第四十一条第二款的规定，旅行社未经旅游者的同意，将旅游者转交给其他旅行社组织、接待的，由县级以上旅游行政管理部门依照《条例》第五十五条的规定处罚。

第六十四条 违反本实施细则第四十四条第二款的规定，旅行社及其导游人员和领队人员拒绝继续履行合同、提供服务,或者以拒绝继续履行合同、提供服务相威胁的,由县级以上旅游行政管理部门依照《条例》第五十九条的规定处罚。

第六十五条 违反本实施细则第五十条的规定,未妥善保存各类旅游合同及相关文件、资料,保存期不够 2 年,或者泄露旅游者个人信息的,由县级以上旅游行政管理部门责令改正,没收违法所得,处违法所得 3 倍以下但最高不超过 3 万元的罚款;没有违法所得的,处 1 万元以下的罚款。

第六十六条 对旅行社作出停业整顿行政处罚的,旅行社在停业整顿期间,不得招徕旅游者、签订旅游合同;停业整顿期间,不影响已签订的旅游合同的履行。

第七章 附 则

第六十七条 本实施细则由国务院旅游行政主管部门负责解释。

第六十八条 本实施细则自 2009 年 5 月 3 日起施行。2001 年 12 月 27 日国家旅游局公布的《旅行社管理条例实施细则》同时废止。

参 考 文 献

[1] 刘晓杰，常永翔．旅行社经营与管理（第2版）[M]．北京：旅游教育出版社，2018．
[2] 章牧．旅游电子商务 [M]．北京：中国旅游出版社，2016．
[3] 肇静玮，陈畅．旅游人力资源管理（第2版）[M]．北京：电子工业出版社，2018．
[4] 刘庆．旅行社服务流程控制与综合实训 [M]．北京：中国劳动社会保障出版社，2016．
[5] 张骏，葛益娟．旅行社经营管理（第3版）[M]．北京：旅游教育出版社，2018．
[6] 钱正英．旅行社服务礼仪 [M]．北京：中国人民大学出版社，2018．
[7] 朱晔．旅行社经营与管理实务 [M]．西安：西安交通大学出版社，2014．
[8] 沈小君，吴繁．旅游业务操作师 [M]．北京：中国劳动社会保障出版社，2009．
[9] 陆文锦．旅行社经营与管理——岗位工作实务 [M]．北京：中国劳动社会保障出版社，2014．
[10] 杨絮飞，李娌．旅行社经营管理 [M]．北京：中国人民大学出版社，2011．
[11] 陈锡畴，胡华．旅行社经营管理 [M]．北京：机械工业出版社，2013．
[12] 孙素，陈萍．旅游服务礼仪 [M]．北京：北京理工大学出版社，2010．
[13] 解程姬，李晓标，李文艳．旅行社经营与管理实务 [M]．北京：北京理工大学出版社，2018．
[14] 叶娅丽，陈学春．旅行社经营与管理 [M]．北京：北京理工大学出版社，2018．
[15] 刘爱月．旅行社经营与管理 [M]．北京：对外经济贸易大学出版社，2010．